ÄGYPTEN

Souvenirladen am Cairo Tower, dem 187 Meter hohen Wahrzeichen der Stadt, von dessen Aussichtsterasse man einen herrlichen Blick über ganz Kairo genießt.

MIT BILDERN VON AXEL KRAUSE UND TEXTEN VON MARIA MILL

INHALT ÄGYPTEN

Seite 5:
Autorität und Würde strahlt „Khema" aus, der als einer der Statthalter der 1.-Katarakt-Region aus der Zeit zwischen 2181 und 1786 v. Chr. in der Gouverneursgalerie des Nubischen Museum in Assuan seinen Platz gefunden hat.

Seite 8/9:
Seit hundert Jahren fester Bestandteil des Landschaftsbilds: Stadtrandbeduine von Gisa vor Mykerinos-, Chefren- und Cheopspyramide.

Seite 12/13:
Der Marktplatz der Oase Siwa in der Westlichen Wüste vor der pittoresken Ruinenkulisse der mittelalterlichen Festung.

Seite 14/15:
Der Pharao opfert dem Krokodilgott Sobek: Das Relief befindet sich im Säulensaal des Doppeltempels von Kom Ombo, der dem göttlichen Krokodil und dem falkenköpfigen Haroeris geweiht ist.

WINTERBIRD

5000 JAHRE ÄGYPTEN – EINE ZEITREISE

Geschenk des Nil – Wiege der Künste und der Wissenschaften – die erste Zivilisation – die längste Oase der Welt – der größte Friedhof der Erde. So lauten nur einige der Epitheta und Superlative, mit der faszinierte Abendländer – vom antiken Reisenden Herodot über den Eroberer Napoleon bis zum heutigen Journalisten – ihre Überwältigung durch Ägypten in Worte zu fassen versuchen. Die Monumentalität seiner Bauwerke, die strenge Vollkommenheit seiner Kunst, seine Jahrtausende währende Kontinuität verleiht dem Land am Nil eine Aura der Ewigkeit, die einen arabischen Schriftsteller zu dem Ausspruch veranlasste: „Die Menschen fürchten die Zeit, die Zeit aber fürchtet die Pyramiden." Eine Aura – der

Das Simeonskloster am Westufer des Nils erreicht man wie fast alle Ausflugs-ziele rund um Assuan per Feluke.

auch Massentourismus und Produktewerbung mit Pyramiden, Sphinx und Tutanchamun nichts anhaben können. Ägypten bleibt „das A und O aller Reiseerfahrungen". Ja, man muss nicht Esoteriker sein, um beim Anblick der Pyramiden, der Statuen Sesostris' und Amenemhets, der Mumien Ramses' und Thutmosis' ehrfürchtig zu erschauern.

Neben dem erhabenen, wie ein „Stück Steinzeit" in unsere Gegenwart hineinragenden Altägypten steht seit 1400 Jahren das islamische Land, gegenwärtig vor allem in Kairo, das schon in den Erzählungen aus 1001 Nacht als Inbegriff der orientalischen Stadt gefeiert wird: Metropole der tausend Minarette, der mittelalterlichen Gassen und Paläste. Und – nicht zu vergessen – die Rückseite all der pittoresken Pracht: Armut, Slums und Smog, das versammelte Elend eines Entwicklungslandes, samt seiner hässlichsten Fratze: dem islamischen Fundamentalismus, der sich scheinbar

GEGEN ALLES WESTLICHE,

insbesondere devisenbringende Touristen richtet und 1997 im Massaker vor dem Hatschepsut-Tempel in Luxor seinen Höhepunkt erreichte. Muss man dies als Neuauflage des Kampfes der Kulturen verstehen? Schlägt das Mittelalter in Gestalt fanatischer Finsterlinge zurück?

„Land of Civilisation" – in der Tat! Ganz in der Nähe, bei Saqqara, errichtete Imhotep für König Djoser den ersten monumentalen Steinbau der Geschichte.

Dieses zwiespältige Bild Ägyptens existiert nicht erst, seit es die Gama'at al Islamiya gibt, sondern seit sich Ost und West begegnen. Einige seiner frühesten und prägendsten „Informationen" über Ägypten bezog das christliche Abendland aus dem alttestamentarischen Buch Exodus. In ihm wird Ägypten zum Symbol des Bösen stilisiert, einer unterdrückerischen Despotie, unter der das Volk Israel Frondienst leisten musste und der es nur durch die Hilfe seines überlegenen Gottes entkam.

ZUR ZEIT DES JÜDISCHEN AUSZUGS AUS ÄGYPTEN,

der laut Bibel unter Ramses II., also etwa 1250 vor Christus, anzusiedeln ist, befand sich das Pharaonenreich in der letzten Hochblüte des so genannten Neuen Reichs. Einer Phase, die – nimmt man die Regierungszeit des monotheistischen Revolutionärs und Pazifisten Echnaton aus – durch die Expansionskriege der Thutmosiden und Ramessiden gekennzeichnet war und in der das Imperium seine größte Ausdehnung, Macht und luxuriöse Prachtentfaltung erlebte. Der Amuntempel in Karnak, die Kolossalstatuen Ramses' II. in Abu Simbel zeugen ebenso davon wie die thebanischen Totentempel und der Grabschatz des Tutanchamun.

Schon damals hatte Ägypten 2000 Jahre Geschichte hinter sich und blickte auf beträchtliche zivilisatorische und kulturelle Leistungen zurück. Um 3000 v. Chr. war innerhalb weniger Jahrhunderte der Übergang von der Ackerbauerngesellschaft zur Hochkultur gelungen. Voraussetzung für diese Entwicklung war der Nil – damals wie heute die Lebensader des von zwei Wüsten begrenzten Landes. Mit seiner alljährlichen Überschwemmung schuf er die Grundlage des ägyptischen Reichtums, machte, da man den knappen Lebensraum optimal nutzen musste, eine zunächst lokale, später staatliche Verwaltung nötig: Voraussetzung für den staatlichen Zusammenschluss, der im Reichseinigungsmythos als die um 3000 v. Chr. sich vollziehende Vereinigung von Ober- und Unterägypten unter König Menes geschildert wird.

Nicht nur die Fruchtbarkeit des Bodens war vom Nil abhängig, er war auch Hauptverkehrsader und Herrschaftsinstrument der Könige der Frühzeit, die auf ihm ihre Pfalzen besuchten und damit den Zusammenhalt des Landes garantierten. Und wie die heutigen Nilkreuzfahrer sind auch schon die Pharaonen mit dem „süßen Hauch des Nordens" nach Süden gesegelt und haben sich von Bord aus am „schönsten Land der Welt" (Isokrates) ergötzt. Ein Land, das – laut Diodor – Homer zu seiner Vorstellung vom Paradies inspirierte und den Kirchenvater Andreas von Kreta zu sinnlich-kräftiger Prosa: „Dort ist öltriefende Erde, schwerer und fruchttragender Ackerboden, sind dickummauerte Städte und grasreiche Landstriche, Herden von Pferden, Ziegen, Rindern und Schweinen, und alles, was auf Fülle und Luxus zielt und auf dieses elende Leben." Man kann ihm nur zustimmen.

DER FLUSS UND DIE SONNE

sind die beiden – schöpferischen wie zerstörerischen – Gewalten, die das Leben bestimmen. Sie beeinflussen als solche Geistigkeit und Religion der Ägypter, ihre Vorstellungen von Tod und Wiedergeburt. Wie die Sonne Abend für Abend im Westen untergeht und Morgen für Morgen aufs Neue im Osten erwacht, wie der Fluss Jahr für Jahr die Wiedergeburt der Vegetation und damit Leben ermöglicht, wird auch das Leben der Menschen als Kreislauf verstanden. All dies führt einerseits zur Vergöttlichung der Sonne als Re, Horus und Atum, andererseits zu einem komplexen Totenkult, der Vorstellung von der Unterwelt mit ihrem Herrscher Osiris, vor dem sich der Gläubige im Totengericht verantworten muss.

Wenn auch immer wieder das Zeitlose und in Äonen Gleiche an Ägypten beschworen wird, eine auffällige Statik in Herrschafts- und Kunstformen durchaus nicht abgestritten werden kann – ganz so monolithisch war diese Kultur dennoch nicht. Gewiss, es herrschte „Variationsverbot", wie der Ägyptologe Jan Assmann darlegt. Man versuchte, die Zeit „einzufrieren"; und als „Lebenserhalter" musste der Künstler „die Überwindung des individuellen Verschwindens und Vergehens im Tode" sicherstellen, was das Beharren auf immergleichen Formen in Architektur, Malerei, Plastik (den stets jungen, makellosen Körpern und idealisierten Kindergesichtern) bedingte. Dennoch hat der Strom der Zeit Ägypten im Laufe seiner 30 Dynastien nicht ganz unberührt gelassen: Nach einem ersten Höhepunkt des Zentralstaats im Alten Reich, der sich am sinnfälligsten in den Pyramiden verkörpert, zerbricht um etwa 2150 v. Chr. die staatliche Ordnung und lokale Gaufürsten usurpieren die Macht. Die folgende so genannte 1. Zwischenzeit mit ihrem Niedergang von Ordnung und Recht ist ein derart schockhafter Einschnitt für die Menschen, dass sie nach der erneuten Konsolidierung des Reiches erst einmal verarbeitet werden muss und in den so genannten Klagen und Chaosbeschreibungen des Mittleren Reiches, dem klassischen Höhepunkt der altägyptischen Literatur, Ausdruck findet. Auch in Religion und bildender Kunst führt der durch die Krise ausgelöste Reflexionsbedarf zu einem Individualisierungsschub: Der vom Gottkönig enttäuschte und aus der –

Wenn vielleicht auch nicht wie vor Tausenden, so doch wie vor Hunderten von Jahren: Einbringen der Zuckerrohrernte mit dem Eselsgespann.

Die Kolossalstatuen Ramses II. vor dem großen Tempel von Abu Simbel zeigen den König als Sonnengott; die hier abgebildeten rechten Kolosse hießen Meri Amun und Meri Atum (von Amun bzw. Atum geliebt) und ließen in ihrer Großartigkeit keinen Zweifel an der Göttlichkeit des Königs.

durch diesen verbürgten – Ordnung gefallene Mensch, wird „gottergeben“ und entwickelt neben dem offiziellen Staatskult so etwas wie „persönliche Frömmigkeit“; zum ersten Mal empfindet er persönliche Schuld und sieht nicht mehr den König, sondern das eigene Herz als Triebfeder seiner Handlungen an. Die nun entstehenden Skulpturen, Charakterköpfe des Sesostris III. oder Amenemhet III. (mit Tränensäcken und Falten) in den Museen Kairo und Luxor legen in ihrer Porträthaftigkeit beredtes Zeugnis von diesem gewandelten Menschenbild ab.

Nachdem das Mittlere Reich von den Streitwagen der vorderasiatischen Hyksos überrollt, das Neue Reich an innerer Schwäche zugrunde gegangen war, Ägypten in der 26. Dynastie unter den einheimischen Saiten eine letzte Renaissance erlebt hatte, wurde das Land am Nil endgültig zur fetten Beute zunächst der Perser und dann der thalassischen Großreiche.

Die Jahrhunderte um die Zeitenwende, in die 332 v. Chr. die Eroberung durch den Befreier Alexander den Großen fiel, wurden zur Phase fruchtbarsten Kulturaustauschs zwischen Ägypten und dem Abendland. Herodot bereiste noch unter den Persern um 450 das Land und schilderte es seinen Zeitgenossen als Inbegriff des Exotischen, dessen Sitten und Gebräuche den griechischen genau entgegen gesetzt seien („Bei ihnen sitzen die Frauen zu Markte und handeln, die Männer aber bleiben zu Hause und weben ...“ – was sie übrigens heute noch tun – die Frauen, versteht sich). Doch zeichnete er – wie alle Griechen – ein positives und von Bewunderung geprägtes Bild Ägyptens. Die Ägypter, heißt es bei ihm, haben als erstes die Götter geschieden – sie quasi erfunden –, haben als Erste heilige Feste und Opferfeiern veranstaltet. Für Platon ist Ägypten das Land der Weisheit und Schrifterfindung, und die unwandelbare Ordnung des Pharaonenstaats wird ihm zum Vorbild seiner konservativen Staatsutopie in der Politeia, dem Ausgangspunkt des politischen Denkens des Abendlands.

UNTER ALEXANDERS NACHFOLGERN ENTWICKELTE SICH ALEXANDRIA ZUM MULTIKULTURELLEN ZENTRUM,

in dessen einzigartiger Bibliothek auf 700 000 Schriftrollen die Weisheit der damaligen Welt aufgezeichnet war, in dessen Königsviertel sich orientalischer Luxus entfaltete, dessen Doppelhafen und der als Weltwunder gerühmte Leuchtturm von der wirtschaftlichen Bedeutung der Stadt kündeten. Ausdruck der Kulturbegegnung waren Mischkulte wie der des Sarapis (eine Verschmelzung von Zeus, Osiris, Ptah), sowie die Osiris- und Isis-Mysterien, die das gesamte römische Weltreich eroberten. Unter Ptolemäern und Römern war die Kraft ägyptischer Kultur noch so ungebrochen, dass sich die Machthaber weiterhin nach pharaonischen Ritus krönen ließen und neue Tempel in Oberägypten bauten. Edfu, Dendera, Kom Ombo, Philae sind Zeugnisse dieser Epoche und Höhepunkte jeder Ägyptenreise.

Mit der zunehmenden Unterdrückung der Ägypter unter den römischen Kaisern machten sich jedoch Zweifel an den eigenen Göttern breit, und ein wachsender Kulturpessimismus förderte die Verbreitung orientalischer Kulte. Im 1. Jahrhundert n. Chr. predigte der Apostel Markus in Alexandria; aus anfänglicher Konkurrenz mit anderen Strömungen, wie Gnosis und Hermetik, ging das Christentum schließlich als Sieger hervor, und Anfang des 4. Jahrhunderts war Ägypten das erste Land mit mehrheitlich christlicher Bevölkerung. Grausame Verfolgungen veranlassten viele Christen zur Flucht in die Wüste, wo sie die ersten Klöster gründeten (u.a. das heute noch vielbesuchte St. Simeonskloster bei Assuan und das berühmteste, das Katharinenkloster auf Sinai). Das etwa 600 Jahre dauernde christliche Zwischenspiel und der fortwährende Kulturkontakt im Mittelmeerraum hatten zur Folge, dass ägyptische Glaubensvorstellungen bis nach Europa gelangten und dort als „geheimes Erbe" unterschwellig fortwirkten. So lässt sich etwa die Gottessohnschaft Christi auf das pharaonische Gottkönigtum zurückführen, haben unsere geflügelten Engel ihr Vorbild im ägyptischen Ba-Vogel (Seelenvogel), und die christliche Madonna mit Kind ist – unverkennbar – der ägyptischen Isis mit dem Horusknaben nachempfunden.

Unten:
Steg im Montasa-Park, der östlich von Alexandria gelegenen Gartenanlage der ehemals königlichen, heute präsidentiellen Sommerresidenz.

Unten links:
Das Griechisch-Römische Museum in Alexandria ist insbesondere der Geschichte der hellenistischen Metropole gewidmet.

Oben:
Die Katakomben von Kom esch-Schuqafa sind die größten Grabanlagen der Römer in Ägypten und die besterhaltenen Alexandrias.

Links:
Professor Jean-Yves Empereur hat vor allem den Osthafen erforscht und sich als „Unterwasserarchäologe" einen Namen gemacht; hier sieht man ihn bei der Ausgrabung einer alexandrinischen Nekropole.

Die am nördlichen Rand der islamischen Altstadt gelegene Hofmoschee des Fatimidenkalifen El-Hakim wurde 1013 vollendet. Seit der Restaurierung durch die Buchara-Ismailiten aus Bombay im Jahre 1979 ist das Gebäude, das auch als Stall, Gefängnis und Schule Verwendung fand, wieder Moschee.

Nachdem das Christentum 389 n. Chr. Staatsreligion geworden war, folgten Jahrhunderte innerkirchlicher Auseinandersetzungen um die Natur Christi, so dass die überdrüssigen Alexandriner die arabische Eroberung als Befreiung vom – inzwischen – byzantinischen Joch empfanden.

640 N. CHR. BEGANN EINE NEUE ZEITRECHNUNG.

Ägypten wurde Provinz des islamischen Weltreiches, zunächst von Medina, Damaskus und Bagdad aus, dann von Tuluniden, Fatimiden, Ichschididen, Aiyubiden, Mamluken und Osmanen regiert; im Land selbst herrschten mehr oder minder eigenständige Statthalter der Kalifen und auch unabhängige Machthaber.

Einer der berühmtesten war Ahmed ibn Tulun, der zu Beginn des Mittelalters den ersten autonomen muslimischen Staat und die Königsstadt El-Quatai errichtete, von der allein die schlichte Ibn-Tulun-Moschee – das hervorragendste Beispiel islamischer Architektur der Abbasidenzeit – die Zeiten überstand. Das erst im 10. Jahrhundert von den schiitischen Fatimiden gegründete Al-Quahira überflügelte an Pracht und wirtschaftlicher Bedeutung bald alle anderen Städte, und zur Zeit El

Mustansurs (1036–95) reichten die Verbindungen des fatimidischen Wirtschaftsimperiums bereits bis nach China und Italien und bescherten der Halbmillionenstadt märchenhaften Reichtum. Es gab fünfstöckige Häuser mit fließendem Wasser und Kanalisation, als die europäische Elite noch in den finsteren Winkeln der Burgkorridore ihr Wasser abschlug. Auch die Al-Ashar-Moschee – bis heute das geistige Zentrum aller Gläubigen – wurde in der fatimidischen Blütezeit Kairos erbaut.

Der im Westen berühmteste Herrscher Ägyptens (weil er 1187 Jerusalem von den Kreuzfahrern befreite) war Saladin, der 1169 die Fatimiden besiegt hatte und die Zitadelle errichtete, von der aus man noch heute einen prachtvollen Blick über die Metropole hat.

In der Epoche islamischer Expansion gelangten kaum mehr Europäer nach Ägypten. Erst im 17. Jahrhundert erhöhte sich das Reiseaufkommen, und mit Napoleons Ägypten-Expedition schließlich begann der rund 150 Jahre währende direkte Einfluss Europas in Ägypten. Mit äußerst zwiespältigen Auswirkungen: Einerseits führte die von Napoleons Wissenschaftlern herausgegebene vielbändige Description de l'Égypte und vor allem die Entzifferung der Hieroglyphen zur Wiederentdeckung der uralten Nilkultur, zu einer wahren Ägyptomanie und zur modernen Ägyptologie. Andererseits löste das kaiserliche Unternehmen eine Entwicklung aus, die letztendlich die nachhaltige Zerstörung traditioneller wirtschaftlicher und sozialer Strukturen zur Folge hatte.

Unten:
Die Husain-Moschee am Eingang des Basarviertels Khan el-Khalili ist dem gleichnamigen Propheten-enkel geweiht – dessen Haupt hier beigesetzt sein soll. Der alljährlich während des islamischen Monats Rabi el-Tani stattfindende und zwei Wochen dauernde Mulid (Geburtstag) von Saijidna el-Husain zählt zu den größten Festen Ägyptens.

Ganz unten:
Unter dem gleichmütigen Blick des Türhüters entledigen sich diese Besucher der Bussery-Moschee in Alexandria ihrer Schuhe.

Ganz oben:
Eine lagernde Karawane in der Nähe der Kairener Totenstadt zeigt dieser Stich aus dem frühen 19. Jahrhundert.

Oben:
Auch die Wohnarchitektur von „Le Kaire“ um 1800 dokumentierten die napoleonischen Wissenschaftler und Künstler. Hier etwa den schönen Innenhof im Palast des Qasim Bey.

Die nach Napoleons Abzug von Mohammed Ali und seinen Nachfolgern angegangene Modernisierung Ägyptens resultierte bald in hoher Auslandsverschuldung und Abhängigkeit von europäischen Geldgebern.

1882 BESETZTEN DIE BRITEN ZUM SCHUTZ DER GLÄUBIGERINTERESSEN DAS LAND

und blieben trotz der seit 1922 bestehenden formellen Unabhängigkeit weitere dreißig Jahre. Ägypten wurde zum weltmarktabhängigen Baumwolllieferanten für die englische Textilindustrie; dem Land förderliche Investitionen in weiterverarbeitende Industrien dagegen wurden unterbunden. 92 Prozent des ägyptischen Aktienkapitals befanden sich in ausländischer Hand, und im schillernden Alexandria – Metropole der Baumwollhändler und Spekulanten – feierten Kosmopolitismus, Luxus und décadence neue Triumphe.

Ende des 19. Jahrhunderts formierte sich der nationale wie religiöse Widerstand gegen die Briten und führte zur „Revolution von 1919“, doch erst 1952 konnte das Land die britische Kontrolle endgültig abschütteln. Nach dem unblutigen Staatsstreich der „Freien Offiziere“ wurde Ägypten nach 3000 Jahren zum ersten Mal wieder von einheimischen Ägyptern regiert: zunächst von einem General, dann, von 1954–70, vom charismatischen Gamal Abdel Nasser, der sich in seiner mutigen Rede von Bandung nicht nur zum Wortführer der Blockfreien machte, sondern auch den Suezkanal verstaatlichte: ein Affront für den Westen und eine Heldentat für die Ägypter, mit der er seinem ausgebeuteten Volk Selbstbewusstsein und Würde zurückgab.

Zweifellos trägt die während der Kolonialzeit systematisch betriebene Unterentwicklung große Mitschuld an Ägyptens heutiger Misere. Seit Mitte der siebziger Jahre macht sich aber auch Enttäuschung über Nassers „Sozialismus“ und Sadats „Öffnung zum Westen“ breit, die beide die drängenden Probleme des Landes nicht zu lösen vermochten. Und da eine echte politische Opposition nach wie vor nicht geduldet wird, findet die Frustration vor allem junger Ägypter ihr Ventil in der Rückbesinnung auf religiöse Wurzeln, was während der beiden letzten Jahrzehnte immer wieder zu terroristischen Ausschreitungen führte.

Dem Zauber und Sog Ägyptens aber kann dies auf Dauer keinen Abbruch tun, wie die – trotz Luxor-Massaker – zwischen 1993 und 1997 aufs Doppelte angewachsenen Besucherzahlen eindrucksvoll beweisen.

Rechts:
Als „vue intérieure“ des „Memnonium“ bezeichnet die napoleonische Description de l'Égypte diese hintereinander gestaffelten Innenräume des Ramesseums. So nämlich nannte man bis ins 19. Jahrhundert den Totentempel Ramses II. in Theben West, da man ihn ebenso wie die Kolosse des Amenophis III. in der Antike mit dem vor Troja gefallenen Helden Memnon in Verbindung brachte.

DAS NILDELTA ZWISCHEN KAIRO UND ALEXANDRIA

Seit Anbeginn seiner Geschichte versteht sich das Reich am Nil als Doppelmonarchie, als Vereinigung der „beiden Länder". Und bis zu seinem Ende haben Delta wie oberägyptisches Niltal diese Eigenständigkeit in ihren Kronen, Königstiteln bewahrt. Auch im Hinblick auf ihre Landschaften könnten Ober- und Unterägypten unterschiedlicher nicht sein.

Schier endlose Reis- und Baumwollfelder bieten sich im Delta dem Auge des Besuchers dar – flaches Ackerland, das an europäische Flussniederungen erinnert. An Baudenkmälern jedoch ist es wenig ergiebig. Durch den ständig sich verändernden Flusslauf und die seit frühesten Zeiten

Seite 26/27:
In mehreren Vierteln Kairos wie Birqasch, Mohandesin oder hier in Embaba finden noch allwöchentlich Kamelmärkte statt. Die meisten der aus dem Westsudan stammenden Tiere werden in 30-Tage-Märschen nach Darau getrieben, auf Lastwägen verladen, um schließlich in den Großschlachtereien der Hauptstadt zu enden.

Seite 28/29:
Die in den Jahren 876–79 erbaute Ibn-Tulun-Moschee verkörpert schönstes „muslimisches Mittelalter". Über zinnenbewehrten Mauern ragt die mamlukische Kuppel des kubischen Brunnenhauses auf.

Auf einer der klassischen Ansichten des Felsplateaus von Gisa sieht man im Vordergrund die kleinste, 62 Meter hohe Pyramide des Mykerinos oder Menkaure mit den schräg vorgesetzten drei Königinnenpyramiden, dahinter die 136,5 Meter hohe des Chefren, Sohn des Cheops, und schließlich die mit 146,6 Metern höchste, sogenannte „Große Pyramide" des Cheops.

intensive landwirtschaftliche Nutzung sind von den alten Städten Buto, Mendes, Bubastis oder Pi-Ramesse nur Erdhügel, Grundmauern oder Säulenrümpfe geblieben. Von den bedeutenden Orten des Altertums haben im Grunde nur Alexandria und als Nachfolgerin der alten Reichshauptstadt Memphis' Kairo überdauert.

Als der legendäre König Menes (den man mit dem historischen Hor-Aha gleichsetzt) um 3000 v. Chr. das Land zusammenschloss, gründete er als Symbol der Einheit an der Nahtstelle zwischen Niltal und Delta, 25 Kilometer südlich des heutigen Kairo, die „Waage der beiden Länder", wie ein Beiname Memphis' lautet. Zwei Kilometer westlich seiner Residenz ließ er bei Saqqara eine gewaltige Grabanlage aus Nilschlammziegeln errichten, die erste der memphitischen Totenstädte, die – da sie ebenso wie die Pyramiden von Gisa und Dahschur auf einem Wüstenplateau steht, den Zeiten trotzte.

DIE ERINNERUNG AN DIE PHARAONEN

ist in der Topographie Kairos nahezu ausgelöscht. Etwas dauerhafter haben sich die Römer darin eingeschrieben: Von koptischen Kirchen und Klöstern umringt, halten Turm und Tor der Festung Babylon in Altkairo seit 2000 Jahren die Stellung. Die eigentliche Geschichte Kairos aber beginnt mit

Im Khan el-Khalili warten Händler auf ihre Kunden. Der Basar – einst Herzstück und Motor der orientalischen Stadt – ist heute vor allem Touristenattraktion.

den Arabern, die ab 641, immer weiter nach Norden vorrückend, mehrere Siedlungen und Residenzen gründeten: als erstes Fustat, die Garnisonsstadt des Feldherrn Amr Ibn al-As, 750 dann El-Askar, 876 El-Quatai des Ibn Tulun (von dem nur die Hofmoschee mit ihrem schneckenhausartigen Minarett überdauert hat), und endlich 969 El-Quahira, die Siegreiche, so benannt nach El-Quahir, dem siegreichen Mars, der beim ersten Spatenstich den Meridian der Stadt überquerte. Stadtgründer Gohar schenkte Kairo die Al-Ashar-Moschee, und in den folgenden Jahrhunderten entfalteten die Sultane, vor allem En-Nasir Mohammed Ibn Qala'un und sein Sohn Hassan, eine so rege Bautätigkeit, dass es in einer während dieser Epoche verfassten Erzählung aus 1001 Nacht über Kairo heißen kann: „Wer diese Stadt nicht gesehen hat, hat die Welt nicht gesehen. Ihr Boden ist aus Gold, ihr Nil ist ein Wunder, ihre Frauen sind wie die schwarzäugigen Jungfrauen des Paradieses, die Häuser sind Paläste, die Luft ist weich und süß duftend wie Aloeholz. Und wie könnte Kairo anders sein, ist es doch die Mutter der Welt."

Den absoluten Kontrast dazu – nicht nur was die Luftqualität anbelangt – bildet das heutige moderne Zentrum, das ab 1865 rings um den Midan al-Tahrir nach westlichem Vorbild entstand. Geschäfte und Hotels, die American University und das Ägyptische Museum sind hier beheimatet. Nicht weit davon entfernt ragt seit 1961 auf der Nilinsel Gesira das neue Wahrzeichen „el Borg" (der Turm) in die Luft. Das gesamte Stadtbild aber beherrscht von der Höhe der mittelalterlichen Zitadelle die erst 1828 begonnene Moschee Mohammed Alis – Symbol ägyptischer Unabhängigkeit vom osmanischen Sultan.

„Da liegt eine Insel im brandenden Meere, Pharos heißt sie, Ägypten grad gegenüber; ... Sie birgt einen Hafen, wohl geeignet zum Landen." So besingt Homer schon lange vor der Gründung Alexandrias im Jahre 332 v. Chr. das der Stadt vorgelagerte Eiland.

Wer sich „das Land der Hellenen mit der Seele suchend" hierher begibt, um auf den Spuren Antonius' und Kleopatras zu wandeln, muss auf Enttäuschungen gefasst sein – oder sich ins Griechisch-Römische Museum bemühen. Die mit 3,5 Millionen Einwohnern zweitgrößte Stadt Ägyptens ist auch heute noch vor allem Hafen und zwischen Juni und September der beliebteste Zufluchtsort vor der kairener Sommerhitze.

Aus der ersten Glanzzeit der antiken Gründung haben sich nur wenige Reste erhalten: die unter Diokletian errichtete und fälschlich dem Pompejus zugeschriebene Säule auf dem Gelände des ehemaligen Serapeums in Rhakotis gehört zu den Hauptattraktionen. Einen Steinwurf südwestlich davon liegen die besterhaltenen Katakomben der Stadt: Kom esch-Schuqafa (wie die Nekropole von Anfuschi im typischen Mischstil aus ägyptischen und hellenistisch-römischen Elementen gestaltet). Bibliothek, Palastviertel und das antike Weltwunder, der Leuchtturm, aber sind verschwunden. Auf Pharos, dem homerischen Eiland, dem er seinen Namen verdankt, erhebt sich heute Fort Quaitbay. Schadlos kann sich der Besucher auch halten, indem er sich auf literarische Spurensuche begibt, sich Lawrence Durrell beziehungsweise sein Alexandria-Quartett zum Führer erkürt, der die – inzwischen – morbide Eleganz der Villen, Paläste und Kaffeehäuser aus Alexandrias zweiter Blütezeit, der Hoch-Zeit des Baumwollbooms kurz vor dem vorletzten fin de siècle, noch in kolonialer Frische erlebte und dem dekadent erotischen Treiben seiner Bewohner ein bleibendes Denkmal setzte. Absolute musts für Durrell-Fans und Nostalgiker sind Cecil Hotel, Kavafi-Museum und Café Pastroudis.

Links unten:
Feluken vor dem Nile Hilton, wo der Besucher rund um die Uhr die gesamte touristische Infrastruktur – von Bank und Presse bis zur Gastronomie – in Anspruch nehmen kann.

Oben:
Mag das ungewöhnliche schneckenhausförmige Minarett der Hofmoschee des Ahmad Ibn Tulun auch dem Gebetsturm im irakischen Samarra nachempfunden sein, die Legende weiß anderes über seinen Ursprung zu berichten: Ein Höfling habe den Herrscher, der sich gern seines unermüdlichen Arbeitseifers rühmte, überrascht, wie er gedankenverloren ein Blatt Papier zwischen den Fingern drehte, und ihn der Muße bezichtigt. Worauf dieser geistesgegenwärtig versetzte, er sei soeben dabei, die Form seines Minaretts zu entwickeln.

Rechts und Seite 35:
„Perle des Mittelmeers" nannte man Alexandria einst, und Meer und Hafen prägen seit Gründung der Stadt ihre Geschichte und ihre Erscheinung. Auf der Insel Pharos (oben), die heute mit dem Festland verbunden ist, steht nun an Stelle des berühmten Leuchtturms das Fort Quaitbay, das die Mamluken im 15. Jahrhundert aus den Steinen des bei einem Erdbeben eingestürzten Turms erbauen ließen. Von hier aus schwingt sich in sanftem Bogen die Corniche (rechte Seite), Uferstraße und Strandpromenade, am Osthafen entlang.

Rechts:
Noch weiter östlich, etwa 17 Kilometer vom Stadtzentrum entfernt, liegen ebenfalls am Meer Palast und Park der ehemaligen Sommerresidenz des 1952 gestürzten König Faruk.

JAZZ

الله

Links:
Die zwischen Pharos und dem Stadtzentrum gelegene imposante Sidi Abu el-Abbas el-Mursi-Moschee wurde im 18. Jahrhundert, anstelle eines früheren Gotteshauses über dem Grabmal dieses Heiligen aus dem 13. Jahrhundert, errichtet.

Oben und rechts:
Ruhe und Gelassenheit atmen diese abendlichen Aufnahmen in und um die Bussery-Moschee in Alexandria.

Ganz oben:
Der Muezzin, der die Gläubigen fünfmal täglich zum Gebet ruft, muss sich dazu heute nicht mehr aufs Minarett bemühen: Seine Stimme kommt vom Tonband und wird über krächzende Lautsprecher verbreitet.

Seite 38/39:
Der Montasa-Palast bei Sonnenuntergang. Das Schloss im türkisch-florentinischen Mischstil ist ein typisches Produkt des fin de siècle und der décadence, die via europäische Kolonialisten auch den Hof Sultan Abbas' II. erreichten.

Große Namen und berühmte Schlachten verbinden sich mit dem 106 Kilometer westlich von Alexandria gelegenen Ort El-Alamein. Im Juli 1942 traf das Afrika-Korps unter Rommel hier ein und zwang die Briten zunächst zum Rückzug; doch schon im Oktober desselben Jahres wurden die Deutschen von den Alliierten unter Montgomery geschlagen. Den 11 000 Gefallenen dieser Schlacht – viele davon unter 20 Jahre alt – wird auf mehreren Soldatenfriedhöfen, wie etwa dem für die Commonwealth-Soldaten (rechte Seite), an mehreren Gedenkstätten (linke Seite), wie der italienischen (oben) und deutschen (unten), sowie in einem Museum (Mitte) gedacht.

Oben:
Anders als die kursiven Notationen (hieratische Buchschrift und demotische Kanzleischrift) war das Hieroglypische von Anfang an die klassische Schrift für Steininschriften. Frühes Beispiel aus einem Grab in Saqqara.

Unten:
Königskartusche aus der Pyramide des Sahure, eines Königs der 5. Dynastie, bei Abusir.

STUMME ZEICHEN UND BILDERRÄTSEL

HIERO

Sie haben sich keine Pyramiden aus Erz geschaffen
und keine Stelen dazu aus Eisen; ....
Doch sie schufen sich Bücher als Erben ...
...man nennt ihre Namen auf ihren Schriften ...,
da sie kraft ihrer Vollkommenheit fortdauern.
Man gedenkt ihrer Schöpfer in Ewigkeit.

Dieses Lob des Schriftstellers und Weisen auf einem Papyrus zeigt in seinem Vergleich des Buches mit der Pyramide, welche Bedeutung man unter den Pharaonen dem Schreiben zumaß: Es garantierte die Fortdauer des Namens und damit ewiges Leben.

Der Beginn der Schrift ist allerdings schon 1700 Jahre vor diesem Zeugnis aus der Ramessidenzeit, um 3000 v. Chr., zu datieren und hatte weit prosaischere Gründe. Die Verwaltung eines Einheitsstaats mit zentraler Planwirtschaft, in dem die Nilflut die jährliche Neuvermessung der Felder erforderlich machte, wo Bauern ihre Ernte an die königlichen Speicher lieferten, wo Expeditionen ausgestattet, Großprojekte organisiert werden mussten, erforderte eine schreibkundige Beamtenschaft, die endlose Listen verfasste und einen schreibwütigen Bürokratismus von sowjetischen Ausmaßen schuf. Nach dem Untergang des Pharaonenreiches blieb Ägypten während der nächsten 1400 Jahre als Inbegriff einer geheimnisvollen Kultur von sagenhafter Weisheit im abendländischen Bewusstsein zwar präsent, seine Schriftzeugnisse aber waren verstummt, keiner konnte die Hieroglyphen mehr lesen. Lange wurden sie für eine Bilderschrift (jedes Zeichen für ein Wort, einen Satz oder gar Gedanken) gehalten, bis dann 1799 Soldaten Napoleons bei Rosetta einen Granitblock mit Texten in drei verschiedenen Schriften entdeckten.

Wissenschaftler in Kairo übersetzten den griechischen Text, und sein letzter Satz „das Dekret soll auf eine Stele geschrieben werden in heiligen (Hieroglyphen), in volkstümlichen (Demotisch) und in griechischen Zeichen" wurde zum Wendepunkt der Ägyptenforschung. Denn er legte nahe, dass es sich in allen drei Schriften um denselben Text handelte. Dies war die Stunde von Jean Francois Champollion. Schon als Junge

Rechts:
Der Stich zeigt Jean Francois Champollion (1790 – 1832) im Alter von etwa 30 Jahren, als ihm der Durchbruch bei der Entzifferung der Hieroglyphen gelang.

Unten:
Diese Kartusche umschließt, von oben nach unten und gegen den Uhrzeigersinn gelesen, den Namen Ramses, bestehend aus Ra (= Sonnenscheibe), Mes (= gebundene Fuchsschwänze) und SS (zwei gefaltete Stoffe).

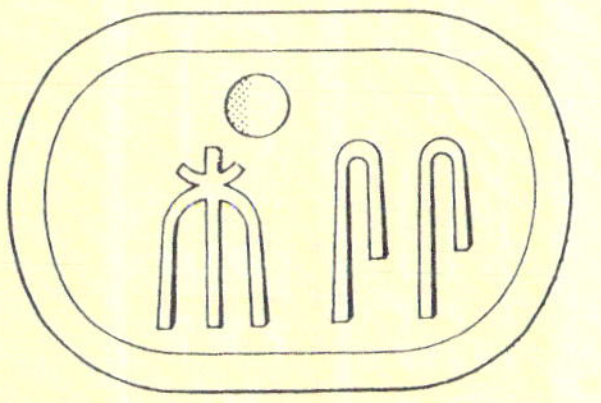

Rechts:
Die sieben bzw. acht Hieroglyphen des Namens Ptolemaios (ägypt.: Ptolmys – die beiden Federn stehen für ein lang gesprochenes y) auf dem Rosetta-Stein waren die ersten, die Champollion identifizieren konnte.

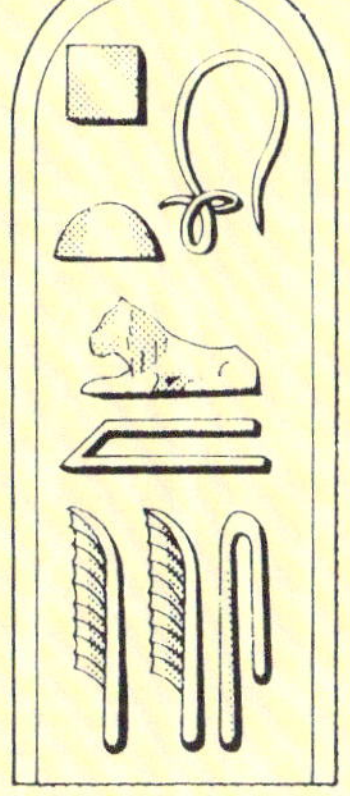

Rechts unten:
Vier der Zeichen aus dem Namen Ptolmys (Quadrat für p, Schlinge für o, Löwe für l und Feder für y/e) entdeckte Champollion in der Königskartusche der Kleopatra auf dem Obelisken von Philae wieder.

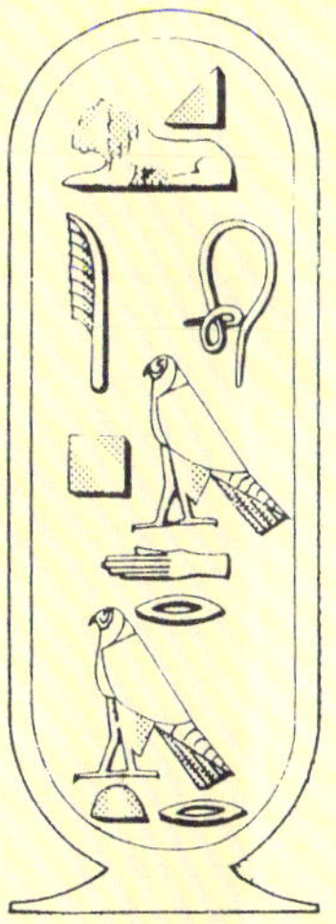

GLYPHEN

hatte er sich vorgenommen, die Hieroglyphen zu entziffern, zu diesem Zweck vorderasiatische Sprachen, Sanskrit, Chinesisch und Koptisch studiert. 1821 – 22 vertiefte er sich in ein Faksimile des Steins und machte sich an das große Bilderrätsel. Durch Vergleich einander entsprechender Textpassagen entdeckte er, dass 1419 Hieroglyphen 486 griechischen Wörtern entsprachen – ein eindeutiges Argument gegen eine Bildersprache. Einen weiteren Anhaltspunkt lieferten die „Kartuschen", von längsovalen Linien umschlossene Zeichen, die, wie man schon seit längerem wusste, für Königsnamen standen. Unter Zuhilfenahme des griechischen Texts entzifferte er nun P-t-o-l-m y-s (Ptolemäus), erkannte auf einem Obelisken die Zeichen für P, T, O, L in einer Kartusche wieder und konnte sich die restlichen Buchstaben zum Namen Kleopatra erschließen. Tag und Nacht arbeitet Champollion nun, am 22. September 1822 stürzt er ins Büro seines Bruders, ruft „Je tiens l'affaire" (Ich hab's) und sinkt ohnmächtig zu Boden. Nach 5-tägigem Nervenfieber tritt er am 27. vor die Akademie und legt seine Ergebnisse dar. Jede Hieroglyphe kann Bildzeichen, Lautzeichen (für ein, zwei oder drei Konsonanten) oder nicht gesprochenes Deutzeichen sein. Worum es sich jeweils handelt, muss der Entzifferer selbst erschließen.

Champollion reiste nach Ägypten, verifizierte in einem wahren Triumphzug von Tempel zu Tempel die Gültigkeit seiner Theorie. Nur zwei Schaffensjahre waren dem besessenen Rätsellöser nach seiner Rückkehr noch vergönnt. 1832 starb er, 41 Jahre alt. Mit der posthumen Veröffentlichung seines Wörterbuchs und seiner Grammatik aber begann das große Jahrhundert der Ägyptologie.

Der von napoleonischen Offizieren entdeckte, später von den Engländern beschlagnahmte und ins British Museum verbrachte Rosetta-Stein, der drei identische Inschriften in Hieroglyphen, in demotischen und in griechischen Zeichen trägt, wird zum entscheidenden Ausgangspunkt für die Entzifferung der ägyptischen Schrift.

Fruchtbare Felder, brackige Kanäle und Seen bestimmen Leben und Landschaft im grünen Dreieck des Deltas und beliefern mit ihren Produkten die örtlichen Märkte wie etwa hier in Idku.

Oben:
Mit dem Eselsgespann wird die Ernte eingefahren. Die sogenannte „Agricultural Road", Straße Nr. 1 von Alexandria über Tanta nach Kairo, ist übrigens, aufgrund der halsbrecherischen Fahrweise vieler Kleinlaster und Pickups, nicht zu empfehlen.

Mitte:
Am fischreichen Idku-See läuft Tag für Tag eine ganze Flotte von Fischereibooten aus.

Unten:
Mühsam, aber geruhsam – die Arbeit der Fellachen auf dem Feld.

Ob tags oder nachts – immer ist die imposante Mohammed-Ali-Moschee, wie sie osmanisch-imperial auf der Höhe der Zitadelle thront, ein Blickfang im Kairoer Stadtbild.

Seite 48/49:
Auf vier quadratischen Pfeilern ruht die reich mit Gold verzierte, 52 Meter hohe Zentralkuppel der Mohammed-Ali-Moschee, die von vier großen Halbkuppeln umgeben ist.
Die Dunkelheit der Wände und der unter den Kuppeln eingezogene Lichtkranz vermittelt den Eindruck, als schwebten sie im Raum.

Ganz oben:
Die Mohammed-Ali- oder „Alabastermoschee“ markiert auch architektonisch den Bruch dieses Herrschers mit der Zeit der Mamluken (17 Jahre vor Baubeginn hatte er ganz in der Nähe 400 seiner mamlukischen Widersacher in einen Hinterhalt locken und niedermetzeln lassen). Der Baumeister Yussuf Bosnak, ‚Josef der Bosnier‘, orientierte sich bei ihrer Ausgestaltung an der Blauen Moschee des genialen Architekten Sinan in Istanbul.

Oben und rechts:
Von der Zitadelle hat man einen herrlichen Ausblick auf die unter blauem (rechts), meist aber unter braungrauem Smoghimmel liegende Altstadt Kairos mit den hochaufragenden festungsartigen Moscheen von Sultan Hassan und Er-Rifa'i (oben).

Linke Seite und oben:
Anders als in anderen islamischen Ländern, besitzt in Ägypten fast jede Region und jedes Dorf seinen Heiligen, dessen Fest einmal im Jahr lokal gefeiert wird. Der Mulid von Husain, dem Prophetenenkel, ist jedoch ein nationales Ereignis, das länger als eine Woche dauert und Millionen von Besuchern zu seiner Moschee und in die Festzelte lockt.

Links:
Eine tief in den Alltag eingreifende religiöse Tradition ist auch das vierwöchige Fasten während des Ramadans, wenn sich mancher auf seine religiösen Wurzeln besinnt und der Absatz religiöser Bücher in die Höhe schnellt.

Seite 54/55:
Sobald man am Morgen die eigene Hand vor den Augen erkennt, darf man nichts mehr zu sich nehmen. Während des Ramadan ziehen Weckmänner durch die noch finstren Stadtviertel und stellen sicher, dass die Kairener den Tag nicht hungrig beginnen müssen.

Das Wort Moschee bezeichnet den Ort, an dem man sich vor Gott niederwirft, und da das Wohnhaus Mohammeds in Medina als erste Moschee galt, wurde seine Architektur – ein großer Innenhof mit gedeckten Stirnseiten – zum Muster der frühen sogenannten Hofhallen-Moscheen; eines der berühmtesten Beispiele dieses Bautyps in Kairo ist die Moschee des Ibn Tulun.

Die Al-Ashar-Moschee, „die Strahlende“, deren Minarette man hier in der Ferne erkennt, beansprucht für sich, die älteste Universität der Welt zu sein. Ihr Scheich, der die höchste theologische Autorität der ägyptischen Muslime darstellt, scheut sich nicht, auch ins politische Leben einzugreifen.

Neben dem sehr schlichten Bau der Ibn-Tulun-Moschee gilt die Mitte des 14. Jahrhunderts begonnene monumentale Sultan-Hasan-Moschee im arabisch-ägyptischen Stil als architektionisch bedeutendste islamische Gebetsstätte.

Der besonders schöne Mihrab, die nach Mekka weisende Gebetsnische, der Sultan-Hasan-Moschee ist in verschiedenfarbigem Marmor eingelegt.

Wie seit 5000 Jahren ist der Nil auch heute noch eine der wichtigsten Verkehrsadern des Landes. Wobei die Nilfähre, wie hier im Kairener Stadtteil Maadi (ganz unten), vor allem dem Nahverkehr, die langsameren Feluken (unten) vorwiegend zum Touristentransport dienen. An Feiertagen, wie etwa dem „Kleinen Bairam" am Ende des Ramadan, kann sich das Verkehrsaufkommen der vielen ägyptischen Ausflügler wegen drastisch erhöhen (linke Seite).

Unten:
Der Basar Khan el-Khalili, ein Gewirr kleinster, von Waren überquellender Gässchen, erstreckt sich inmitten der islamischen Altstadt bei der Husain-Moschee und geht auf ein Lagerhaus zurück, das 1382 von Emir Yarkas el-Khalili, dem Marschall des Sultan Burquq, errichtet wurde.

Rechts oben:
Während früher viele Juden, Christen, Armenier, Perser und Araber – bis zu 12 000 Menschen – hier lebten und arbeiteten, trifft man heute vor allem ägyptische Händler an, deren Angebot vom billigen Touristenramsch bis zu hochwertigem Kunsthandwerk reicht.

Rechts unten:
Um das Gässchenlabyrinth des Khan gruppieren sich nicht nur die Goldgeschäfte und der Suq en-Nahasin (Kupfer- und Messingmarkt), sondern auch Gewürz- und Lebensmittelbasare.

Unten:
Schon äußerlich beeindruckt das 1858 von Auguste Mariette gegründete Ägyptische Museum, das zu Recht als „Mutter aller Museen" gilt, den Besucher mit seiner Mischung aus Neoklassizismus und orientalischer Atmosphäre.

Rechts oben und rechts Mitte:
Drangvolle Enge ist das Markenzeichen dieses womöglich schönsten, gewiss aber wunderlichsten Museums der Welt, und zwar vor den Vitrinen (wie etwa hier vor der Goldmaske Tutanchamuns, genauso wie dahinter, wo sich – ob Bootsmodelle oder Uschebti-Figürchen – alles im Dutzend bestaunen lässt.
Die Goldmaske aus dem Grab des Tutanchamun gehört zu den meistbestaunten Exponaten des Museums.

Rechts unten:
Reizende Jünglinge, denen ihre makellosen weißen, mit Gold und Marine aufgeputzten Uniformen hervorragend stehen, sorgen drinnen wie draußen für die Sicherheit der Besucher.

Fischawi, das älteste Kaffeehaus Kairos, ist eine Institution. Vor halbblinden Spiegeln in Barockrahmen und unter Kristalllüstern trifft sich ein gemischtes Publikum aus Großstädtern und Touristen zu Schwarz-tee, quahwa und der obligatorischen schischa, der Wasserpfeife.

Das Musizieren ist von jeher ein wichtiger Bestandteil der Kaffeehausgeselligkeit; und unter den mehreren tausend Cafés der Stadt gibt es sogar solche, in denen – wie hier in der Nähe der Husain-Moschee – fast nur Musiker verkehren.

Die Restaurants Alexandrias sind für ihre Fischgerichte und Meeresfrüchte berühmt. Im abgebildeten Sea Gull sind Hummer und Shrimps die Spezialitäten.

ORIENTALISCHE KÖSTLICHKEITEN

TAHINA, TAMIYA,

„Der Markt ist ein faszinierender Ort mit seiner hohen Glasdecke, den Gemüsestapeln und Pyramiden aus Orangen, Guaven und libanesischen Äpfeln. Und auch ein wenig beängstigend mit den Tausenden geschlachteter Hühner, die mit offenen Schnäbeln über den noch lebenden hängen, die weiter herumscharren und blöde gackern. Die Rinnen zwischen den Ständen fließen über von Schlamm und Blut, aber die Leute sitzen auf kleinen Holzschemeln, trinken süßen Tee und scheuchen mit anmutigen Rosshaarwedeln die Fliegen weg." So erinnert sich die Ägypterin Ahdaf Soueif des Markttreibens ihrer Kindheit im Altkairo der fünfziger Jahre, und an diesem Bild hat sich bis heute nichts geändert. Rinds- und Schafsköpfe starren den Besucher an, Gedärm und Gekröse quillt, Hammelhälften baumeln ihm entgegen. Den Zartbesaiteten graust ob des Anblicks und des süßlichen Blutgeruchs, den versierten Feinschmecker erfüllt es mit Freude, denn Völker, die – wie die Ägypter – aus allem etwas zu zaubern verstehen, kochen einfach besser.

Als Nationalgericht gilt Ful mesdames (gekochter Bohnenbrei), womit man den Reichtum der ägyptischen Cuisine allerdings schwerlich auf einen Nenner bringen wird. Wie schon zu Pharaonenzeiten unterscheidet sich die Ernährung der unteren Schichten beträchtlich von der der herrschenden Klassen. Damals wie heute sättigt der Arme seinen ärgsten Hunger mit Fladenbrot, das man noch heiß und dampfend an den staatlichen Öfen (furn) abholt. Und wo sich der Arbeiter des Alten Reichs mit Zwiebeln und Bier als Beilage begnügte, lässt sich der heutige sein Ful oder Tamiya dazu schmecken. Tamiya-Bällchen, mit Salat und Zwiebeln in kleine Fladen geschichtet, mit Joghurtsauce beträufelt, groben Chili bestreut, gibt es an vielen Straßenständen. Überraschend ist der erste Biss in die krosse goldbraune Kruste, wenn man verwundert das pistazienfarbene Innere erblickt – für dessen Farbe, zunächst undefinierbaren aber köstlichen Geschmack und Konsistenz eine Mischung aus dicken Bohnen, feingewiegten Frühlingszwiebeln, Dill, Petersilie, Koriander, Minze, Knoblauch, Chili und Kreuzkümmel verantwortlich ist. So wie man einer Dame der 2. Dynastie in ihrem Grab in Saqqara ein standesgemäßes Totenmahl aus Gerstenbrei, Kochfisch, Wachtel, Nieren, Rippchen und Ochsenschenkel, Taubenragout sowie Feigenkompott, Honigkuchen, Käse und Wein servierte, ist auch die Küche der heutigen Eliten – nicht zuletzt aufgrund jahrhundertelanger Fremdherrschaft und des Kolonialismus – vielseitig und weist vor allem türkische, syrische und

Ein Brotverkäufer trägt seine frische Ware durch die Gassen.

Nicht nur ein Fest für die Nase, sondern auch ein Vergnügen für die Augen sind die Gewürzbasare, wie hier im El-Muski-Viertel von Kairo.

BABAGANUSCH...

persische Einflüsse auf. Kufta und Schischkebab, am Spieß gegrilltes Hackfleisch bzw. Hammelfleisch-, Nieren-, Hammelhoden- und Leberstücke sind osmanisches Erbe, die Mezze, prächtige Vorspeisentafeln mit Tahina (Sesamsauce), Hummus (Sesam-Kichererbsenpüree), Tamiya, Salaten, Babaganusch (Auberginenpüree) sowie die sirupgetränkten Desserts Baklawa und Basbusa gesamtarabische Tradition, während Täubchen und die Nachspeise Umm Ali (Alis Mutter, ein Auflauf aus zartblättrigen Trockenbrot, Rosinen, Kokos, Zimt und Sahne) wiederum als typisch ägyptisch gelten. Zur Abrundung und Verdauung des großen oder kleinen Banketts empfiehlt sich Mokka mit Kardamon oder Schwarztee mit Minze. Und wer den Durst nicht mit Wasser löschen will, kann auf Karkadeh, den roten Malvenaufguss, frische Fruchtsäfte, darunter so exotische wie Tamarindensaft oder nach Lakritz schmeckender Ersouz (aus Johannisbrotschoten), sowie alle möglichen importierten und ägyptischen Alkoholika zurückgreifen.

Oben:
Während einer kurzen Rast in der Wüste bereitet der Beduine einen Mokka zu

Links:
Ob in Kairo an der Straßenecke oder in der Lybischen Wüste – die knusprigen ägyptischen Falafel, die eigentlich „tamiya" heißen, munden überall und immer vorzüglich.

Rechts:
Nach einem Kamelrennen bei El-Arisch im Norden der Sinai-Halbinsel versammelt man sich zum gemeinsamen Essen um die traditionellen großen Tabletts.

Seite 70/71:
Wohlverdiente Rast auf dem Suq el-Gimal, dem Kamelmarkt, im Kairoer Stadtteil Embaba gönnt sich dieser Nubier, der einen wenigstens 30 Tage währenden Marsch hinter sich hat. Seine Kamele werden – in hauchdünne Streifen geschnitten, luftgetrocknet und stark gesalzen – als „Basterma" in den Mägen der Kairener Feinschmecker verschwinden.

Oben:
In der islamischen Altstadt Kairos erstreckt sich zwischen Bab el-Futuh im Norden und Bab es-Suweila im Süden ein wahres Einkaufsparadies, in dessen Zentrum, dem Khan el-Khalili, eher die Touristen fündig werden, während an den Rändern auch ägyptische Hausfrauen ihren Bedarf decken.

Oben:
Auf dem Suq en-Nahasin gibt es Töpfe, Tabletts und allerlei Hausrat aus Zinn, Messing und Kupfer.

Mitte:
Bei den Metzgern baumeln dem Käufer blutige Lammhälften entgegen.

Unten:
Südlich des Bab es-Suweila findet sich weiterer Hausrat, wie etwa diese Besenkollektion in sämtlichen Regenbogenfarben.

Links:
Anders als die Pharaonen, die sich traditionsgemäß im Westen bestatten ließen, spielt für die Muslime die Richtung, in der Mekka liegt, die entscheidende Rolle. Und so entstanden in der Östlichen Wüste schon in frühester Zeit Friedhöfe und ab etwa 1400 eine auch von Lebenden bewohnte Totenstadt mit Schulen, Mühlen, Bäckereien und Markthallen, die sich heute in eine geschäftige Vorstadt verwandelt hat.

Oben:
Die auf jeder ägyptischen Pfundnote abgebildete Madrasa-Moschee des Sultans Quaitbay von 1472 (oben) – mit ihrer reliefierten Kuppel, ihren Buntglasfenstern und farbigen Marmorintarsien eine der schönsten Kairos – befindet sich in der Nördlichen Totenstadt (unten).

Eine Kamelkarawane vor der Kulisse der Pyramiden, am abendlichen Lagerfeuer (unten), beim Frühstück im Morgengrauen (ganz unten) und schließlich beim Aufbruch (links) – das ist heutzutage ein äußerst seltener Anblick. Vor nicht allzu langer Zeit jedoch, als man die Kamele noch auf dem „Weg der 40 Tage“ aus dem Sudan nach Ägypten trieb, konnte man dies täglich beobachten.

Seite 74/75:
Seit 4000 Jahren ruht der 20 Meter hohe und 73 Meter lange Sphinx des Chefren – ein Löwenleib mit Pharaonenhaupt – im Wüstensand. Und ist die Zeit auch nicht spurlos an ihm vorüber gegangen, seinen Zauber, seine die Phantasie stimulierende Kraft konnte sie nicht mindern.

Unten:
„Die Steine, die aus einer Entfernung von zweihundert Fuß so groß wie Pflastersteine aussehen, sind immerhin, selbst die kleinsten, drei Fuß hoch; im allgemeinen reichen sie einem bis an die Schulter. Wir steigen an der linken Kante (gegenüber der Chefrenpyramide) hoch; die Araber schieben mich, ziehen mich, ich kann nicht mehr, es ist zum Verzweifeln vor Anstrengung", notierte sich Gustave Flaubert am 8. Dezember 1949 in Gisa in sein Tagebuch.
Die heutigen Besucher wirken in der Regel etwas entspannter.

Links:
Damit sich keiner mehr an den Pyramiden vergreift – wie etwa im Mittelalter, als man sie als Steinbruch missbrauchte – wacht heutzutage, neben dem Sphinx, auch ein beturbanter Hausmeister (links) sowie die schmuck uniformierte Touristen- und Antiquitäten-polizei (rechts) über sie.

„Ausblick auf den Sphinx Abu-el-Hul (Vater des Schreckens) – Sand, Pyramiden und Sphinx, alles grau und in heftiges Rosa getaucht; der Himmel ganz blau; Adler kreisen langsam schwebend um die Spitze der Pyramiden. Wir machen vor dem Sphinx halt, er blickt uns furchterregend an; Maxime ist ganz blass; ich fürchte, mir dreht sich der Kopf, und versuche, meiner Erregung Herr zu werden. In wilder Jagd reiten wir wieder los und lassen uns, ganz von Sinnen, über die Steine davontragen", schreibt Flaubert am 7. Dezember 1849. Wer auf einem Morgenausritt bei den Pyramiden den Sphinx umkreist mag sich an diese Stelle aus dem Tagebuch des Dichters erinnert fühlen.

Links:
Die Cheops-Pyramide (im Hintergrund; vorne: Mykerinos-Pyramide; Mitte: Chephren-Pyramide) ließ König Cheops um 2690 v. Ch. errichten. Mit 146,60 Meter bis zur Spitze (heute 137 Meter ohne Spitze) wurde sein Bauwerk auch von keinem seiner Nachfolger an Größe übertroffen.

Rechts:
Die Große Galerie, ein 47 Meter langes Treppenhaus, dessen Decke durch mehrere Lagen vorkragende Steinblöcke schwindelnde 8,74 Meter Höhe erreicht. Diese Abbildung aus der Description de l'Égypte zeigt sie vom oberen Ende her.

Unten:
Cheops-Pyramide
Nordsüdlicher Querschnitt
1 Grabkammer des Königs
2 Große Galerie
3 nicht benutzter Raum
4 Luftschächte
5 unvollendete Kammer
6 Nordeingang

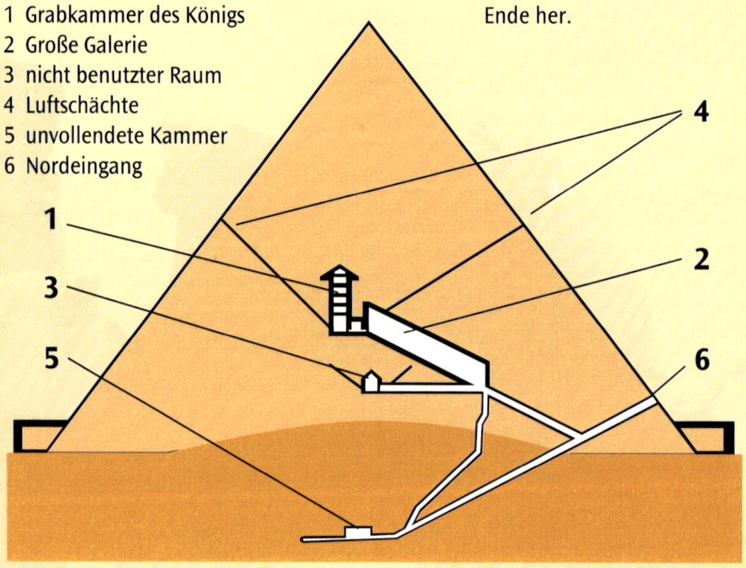

EINES DER SIEBEN WELTWUNDER

DIE PYRAMIDEN

„Soldaten, 40 Jahrhunderte blicken auf euch herab", soll Napoleon angesichts der Pyramiden von Gisa, dem einzig erhaltenen der sieben Weltwunder, ausgerufen haben. Und auch den heutigen, auf den Spuren antiker und neuzeitlicher Reisender wandelnden Massentouristen schlägt die erhabene Monumentalität dieser reinen geometrischen Formen in Bann.

Doch schnell drängen sich ihm Fragen auf: Was bedeuten diese Gebilde? Was veranlasst Menschen zu einer so gewaltigen Leistung? Allein der Größenwahn ihrer Herrscher? Wie ist es vorstellbar, dass Menschen nur mit Hilfe bronzezeitlicher Technologien solches vollbrachten? In der Frage nach ihrem symbolisch-religiösen Gehalt sind sich die Ägyptologen weitgehend einig. Die Pyramiden sind 1. steinernes Abbild des mythischen Urhügels, der sich zu Beginn der Welt aus dem Urmeer heraushebt – wie Ägypten Jahr für Jahr aus den Fluten des Nil. 2. Himmelsrampen, über die die Seele des beigesetzten Pharao zum Himmel aufsteigt, um dort am täglichen Sonnenlauf teilzunehmen.

Schon in vordynastischer Zeit wurden lokale Fürsten in flachen Gruben bestattet, über denen man rechteckige Ziegel-Mastabas errichtete. Der entscheidende Übergang von der Mastaba zur Pyramidenform aber vollzog sich unter Djoser, dem bedeutendsten Herrscher der 3. Dynastie, dessen genialer Architekt Imhotep die Mastaba des Königs zunächst mit einer vier-, dann sechsstufigen Pyramide überbaute. Mit dem Steinbau formuliert König Djoser, der „Öffner des Steins", seinen Anspruch auf Ewigkeit, denn der Stein ist für den Ägypter Medium der Unsterblichkeit.

Die Weiterentwicklung von der Stufen- zur echten Pyramide verdanken wir dem weisen Snofru, dem größten Bauherrn Ägyptens, der gleich für drei Pyramiden verantwortlich zeichnet: 1. die von Meidum, eigentlich eine Stufenpyramide, die später zu einer echten verkleidet wurde, 2. die so genannte Knickpyramide bei Dahschur, bei der der schon während der Bauarbeiten wegrutschende Untergrund die Neigung des

Böschungswinkels notwendig machte, bis ihm 3. mit der so genannten „Roten“ die Idealform der geometrisch echten Pyramide gelang.

Den Höhepunkt aber erreicht der Pyramidenbau in der „Großen Pyramide“ des Snofru-Sohns Cheops, deren exakte Orientierung an den vier Himmelsrichtungen und präzise Konstruktion auch moderne Baumeister in Erstaunen setzt. 2,5 Millionen Steinblöcke von einem Durchschnittsgewicht von 2,6 Tonnen wurden im Laufe von etwa 30 Jahren von einem Heer von 25 000 Arbeitern aufgeschichtet.

Die Pyramiden von Gisa sind das logische Ziel einer Entwicklung, die in der vordynastischen Zeit beginnt. Immer monumentaler werden die Gräber, immer größer die Macht des Pharao, bis er schließlich zum höchsten Gott aufsteigt. Die Gräber spiegeln diese Machtsteigerung, die Pyramidenform die Zuspitzung zu einem immer straffer zentralisierten Staat, wie er für eine Organisationsleistung von derartigem Ausmaß ja Voraussetzung ist. Und nicht Sklaven, wie es ein moderner Mythos will, schufen diese Meisterwerke, sondern hochmotivierte Arbeiter, die sich mit ihrer Aufgabe identifizierten – die auf diese Weise ihrem Herrscher und indirekt auch sich selbst zur Unsterblichkeit verhalfen.

Die gemeinsame Aufgabe des Pyramidenbaus einte die Ägypter erst zu einem Volk, gemäß dem „Motto“ des Turmbaus zu Babel: „Wohlauf, lasst uns ... einen Turm bauen, des Spitze bis an den Himmel reiche, auf dass wir uns einen Namen machen und nicht zerstreut werden über die Erde hin.“

Oben:
Die Nordpyramide, „Rote“ oder „Strahlende Pyramide“ in Dahschur, Snofrus dritter Versuch, war die erste echte Pyramide. Sie hat eine Basislänge von 220 Meter, einer Höhe von 105 Meter und eine sanfte Neigung von nur 43° 22'.

Unten:
Mit Djosers Stufenpyramide tauchte urplötzlich und geradezu voraussetzungslos der Monumentalbau in Ägypten auf. Der Pharao ließ sich von seinem Architekten Imhotep die erste Grabanlage aus Stein errichten.

Rechts:
Nicht weniger eindrucksvoll ist der 80 Tonnen schwere, 8 Meter lange und über 4 Meter hohe Alabaster-Sphinx, der aus der Zeit Amenophis III. (1426–1400) datiert.

Links:
Eine mehr als 1600 Meter lange Mauer – in deren Rechteckform die rechteckige Mastaba nachklingt – umgibt die Pyramide.

Unten und ganz unten:
In Memphis, das vor 5000 Jahren erste Hauptstadt des vereinigten Ägypten war, zeugen nur noch wenige Überreste von der einstigen Größe. Herausragende Attraktion des kleinen Freilichtmuseums ist die auf dem Rücken liegende 10,3 Meter hohe Kolossalstatue Ramses II.

Unten:
Nördlich von Saqqara erhebt sich auf dem Plateau von Abusir ein Pyramidenfeld der 5. Dynastie (2450 – 2345 v. Chr.). Alle dortigen Pyramiden weisen – wie die hier abgebildete des Sahure und anders als die von Gisa – aufgrund der weniger soliden Bauweise eingestürzte Kerne auf.

Rechts:
Die Knick-Pyramide von Dahshur verdankt ihre ungewöhnliche Form wahrscheinlich statischen Problemen. Schon beim Bau zeigten sich Risse im Kernmauerwerk und man entschloss sich deshalb den Neigungswinkel zu reduzieren, um somit den Druck zu verringern. Erbauer war Snofru (2639 – 2604 v. Chr.), der erste Herrscher der 4. Dynastie.

Oben:
Zum Sahure-Komplex gehörten sowohl ein Totenals auch ein Taltempel, von denen sich beträchtliche Reste erhalten haben.

AM NIL ENTLANG BIS NACH NUBIEN

Schon vor der Zeitenwende reisten die neugierigen Griechen Herodot, Diodor und Strabo, von ethnologischem wie naturwissenschaftlichem Erkenntnisdrang getrieben, auf der alten Königsroute des Nil bis nach Syene (Assuan) und zur Insel Philae. Und noch heute verläuft die – wenn auch eher zum Vergnügen unternommene –

KLASSISCHE NILKREUZFAHRT,

wie seit Thomas Cooks erster Pauschalreise vor gut 140 Jahren, von Kairo stromaufwärts. Denn die britischen Ladys und Gentlemen, die es damals en vogue fanden, im angenehmen Klima Ägyptens zu überwintern, liebten es, ihrer luxuriösen Muße

Der inmitten des Stadtgebiets gelegene Luxor-Tempel – mit seinen schönen Säulenhöfen und Kolossalstatuen Sinnbild der Macht und Herrlichkeit des Neuen Reiches – steht im Zeichen der thebanischen Göttertrinität Amun, Mut und Chons. Vor allem in der Abenddämmerung, wenn mit nachlassender Hitze kurzzeitig etwas Ruhe eintritt, wird der Besuch zu einem stimmungsvollen und unvergesslichen Erlebnis.

im Cataract oder Winter Palace durch etwas strapaziösere Bildungsexkursionen zu den Tempeln und Ausgrabungsstätten Abwechslung zu verleihen. Heute kreuzen – vor allem zwischen Luxor und Assuan – nicht weniger als 600 Schiffe auf dem Nil.

Vom Eingang des Faijum aus verläuft das schmale (an manchen Stellen kaum 100 m breite) grüne Tal, – kleinteilig bewirtschaftetes, archaisch anmutendes Ackerland – von den nackten, meist versandeten Gebirgszügen der beiden Wüsten begleitet, bis zum ersten Katarakt. Über den gesamten Flusslauf haben sich die Pharaonen verewigt: am weniger touristischen Unterlauf etwa in Meidum, wo Snofru seinen Pyramidenstumpf hinterließ, oder im Faijum, der vom Josefsfluss bewässerten Senke, wo zu ptolemäischer Zeit (unter dem heutigen Medinet el-Faijum) Krokodilopolis lag und man ein heiliges Tier verehrte, das, wie Strabo schrieb, von den Priestern mit „Brot, Fleisch und Wein ernährt" wurde. Unweit davon befand sich das berühmte „Labyrinth", die

RESIDENZ AMENEMHETS III.

dessen Lehmziegelpyramide bei El-Lahun zu besichtigen ist. In Beni Hassan locken Felsgräber mit einzigartigen Malereien, der Tempel Sethos I. in Abydos rühmt sich seiner eleganten Reliefs –

Der Qarunsee im Faijum ist an Ferientagen ein beliebtes Ausflugsziel von Kairoern wie Fajumis.

wahrscheinlich der schönsten Ägyptens. Etwa 100 Kilometer südlich davon residiert in Dendera Hathor, Göttin der Freude, des Tanzes und der Liebe, mit ihrem Söhnchen Ihi. Die kuhohrige Göttin, eine Frohnatur wie die griechische Aphrodite, lebt ohne männlichen Beistand. Nur an Festtagen empfängt sie Horus aus dem fernen Edfu.

AB LUXOR ODER „THEBEN" –

der Heimstatt des im mittleren Reich gemeinsam mit den thebanischen Herrschern zum Reichsgott aufgestiegenen Amun – reihen sich die Denkmäler wie Perlen an einer Kette am Band des Nil. Ein Ritt zum Amuntempel von Karnak – „Sphinxallee", „Pilon", „Riesenskarabäe" – und wohl nicht zuletzt der gewaltige Säulenwald inspirierten Rilke zu dem Gedicht „In Karnak war's". Im Dämmer des Tempelbezirks meint er „der Welt Geheimnis" zu schauen – „so geheim im Wesen, dass es in kein Verheimlicht-Werden passt!" Die Widderallee, von der nur noch Reste erhalten sind, reichte einstmals bis zum Luxortempel, zu dem man heute nicht mehr zu Pferde, sondern eher per calèche gelangt. Amun tat es einmal im Jahr in seiner Barke, anlässlich des „schönen Fests im Wüstental" nämlich, wenn er Gattin Mut und Söhnchen Chons in seinem „südlichen Harem" (= Luxortempel) besuchte.

Gegenüber den beiden Tempelanlagen liegen auf der Westseite des Nil, im Tal der Könige und der Königinnen, die mit herrlichen Malereien aus den ägyptischen Jenseitsbüchern ausgeschmückten Gräber der Pharaonen des Neuen Reiches, von denen besonders das des Sethos I., Ramses VI. und Haremhab sowie das zwischen 1987 und '92 vollständig restaurierte der Nefertari den Besuch lohnen. Absolute „musts" auch die Totentempel der Hatschepsut, Ramses' II. und Ramses' III. Muss man nun mit Flaubert eingestehen, dass man „allmählich genug von den Tempeln“ hat, tut es gut, wieder an Bord zu gehen und die biblisch-pastorale Szenerie an sich vorübergleiten zu lassen: Siedlungen aus Nilschlammziegeln, die mit dem Ufersaum verschwimmen, von Wind oder Sonne gebeugte Dattelpalmen, grasende Esel und Wasserbüffel, die Hügel der Westwüste und dann und wann das weiße Segel einer Feluke.

Die nächsten drei Highlights, der Chnumtempel in Esna, der des Horus in Edfu sowie der Doppeltempel von Haroeris und Sobek in Kom Ombo wurden ebenso wie die von Dendera und Philae erst zur Ptolemäerzeit errichtet und überliefern uns aufgrund ihres guten Erhaltungszustands das „Tempelbau-Programm“ der alten Ägypter. Wie die Pyramide ist der Tempel 1. aus den Fluten aufsteigender Urhügel (künstliche Seen oder eine Insellage verdeutlichen dies) 2. die Schwellenregion zwischen Himmel und Erde. Irdischen Papyrusbündeln nachgebildete Säulen tragen die mit Sternen und astronomischen Darstellungen übersäte Himmelsdecke, unter der der Pharao als Vertreter der Menschen den Göttern opfert und dadurch die Welt in Gang hält.

Nach entspannenden Tagen im lieblichen Assuan, die man durch Basargassen schlendernd, mit kleinen Ausflügen nach Elephantine oder Kitchener's Island oder einem stilvollen Five o'clock tea im Old Cataract verbracht hat, ist man bereit für die „grösste Publicity-Kampagne der Antike“, wie Emil Ludwig den nubischen Felsentempel Ramses' II. in Abu Simbel und die über ganz Ägypten verstreuten Monumentalbauten dieses Königs nannte. Die vier Kolosse vor dem Eingang stellen ebenso wie die Pfeilerstatuen im Innern alle den Pharao dar. Durch die „ununterbrochene Wiederholung des eigenen Namens“ ist es Ramses in der Tat gelungen, als der „Große“ in die Geschichte einzugehen.

Oben links:
Hauptfassade des Winter Palace in Luxor, wo britische Ladies und Gentlemen seit der Eröffnung im Jahre 1887 einen Teil ihres ägyptischen Winteraufenthalts verbrachten.

Oben rechts:
„Die Hotelhalle“, schrieb Ingeborg Bachmann über die Victorian Lounge des seit einigen Jahren renovierten Old Winter Palace, lasse „an eine vergangene Zeit denken (...), an große Reisende, die feierlich bedient wurden, an Nildampfer, die bis zu den Granitbrüchen zogen und nach Elephantine.“

Links:
Vier Sitzkolosse Ramses II. von jeweils 22 Meter Höhe thronen vor dem Großen Tempel von Abu Simbel, mit dem der ägyptische Pharao den hier ansässigen Nubiern seine unwiderstehliche Macht demonstrierte.

Oben und links:
Die rückwärtige Außenfassade zeigt überlebensgroße Reliefs von Göttern und Pharaonen, u.a. von Kleopatra der Großen und ihrem Sohn Kaisarion (oben).

Linke Seite:
Der Tempel von Dendera – Heimat der ägyptischen Liebesgöttin Hathor – wurde zwar erst zwischen 125 und 60 v. Chr. errichtet, geht jedoch auf einen Vorgänger zurück, dessen Anfänge mindestens in die 6. Dynastie zu datieren sind. Da er bis ins 19. Jahrhundert verschüttet war, ist der niemals vollendete Tempel, der zusammen mit zwei Geburtshäusern, einem Isis-Heiligtum und den Ruinen einer koptischen Kirche ein beeindruckendes Ensemble bildet, hervorragend erhalten.

Unten links:
Am Eingangstor befindet sich das Relief des Gottes Bes, dem Schutzgeist des Hauses, der über Liebe, Ehe und Geburt wachte und durch seine Hässlichkeit böse Mächte abschrecken sollte.

Über 2000 Jahre lang – von der 11. Dynastie zu Beginn des Mittleren Reiches bis in die Römerzeit – wurde am Amuntempel in Karnak, dem prächtigsten und größten Tempelkomplex des Landes, gebaut. Entlang zweier rechtwinklig sich kreuzender Achsen erhebt sich das Haupttheiligtum des Reichsgottes Amun, eine Folge von Höfen, Obelisken, Säulenhallen und Tempeln, dem sich weitere Kultbauten anderer Götter inner- wie außerhalb der Umfassungsmauer anschließen. Die Kolossalstatue Ramses II. im ersten Hof bewacht den zweiten Pylonen.

Links und unten:
„... sie saß oder stand, erdrückt unter diesen Säulen, das war wohl ein Weltwunder ...", schrieb Ingeborg Bachmann in „Der Fall Franza" und bezog sich damit auf das Gewaltigste und Beeindruckendste an Karnak, den großen Säulensaal mit seinen 134 steingewordenen Papyrusstauden, die, in 16 Reihen angeordnet, im Mittelschiff 24 Meter hoch aufragen. Die gigantischen Schäfte von mehr als 10 Metern Umfang haben auch für uns Heutige noch etwas Erschlagendes, das jedes menschliche Maß außer Kraft setzt. Früher jedoch, als eine Decke die Halle überspannte und nur schmale Lichtschlitze Helligkeit einließen, muss das ungeheure Dickicht aus Steinmassen wahrlich beklemmend gewirkt haben ...
Wenn die Besucherinnen (oben rechts) und der Tempelwächter (oben links) auch ziemlich entspannt wirken.

Seite 96/97:
Der Luxor-Tempel in abendlicher Beleuchtung: Zwei (der ehemals sechs) Sitzfiguren Ramses II. flankieren den Durchlass des ersten Torturms; das Gegenstück des einsamen Obelisken steht seit 1836 auf der Place de la Concorde in Paris – und langweilt sich und sehnt sich nach dem Nil, wie Gustave Flaubert vermutete.

Rechts:
An die Unterschenkel ihres Vaters geschmiegt verharrt diese Prinzessin (rechts) seit über 3000 Jahren zwischen den Füßen Ramses des Großen vor dem zweiten Pylon in Karnak (links).

Unten:
Amun, der Urgott Thebens, ist ein widderköpfiger Gott, weswegen der auf den ersten Pylon des Karnaktempels zuführende Prozessionsweg von Widdersphingen flankiert ist, eine „Straße der tausend Widderschädel" bildet, wie Ingeborg Bachmann die sie gespenstisch anmutende Sphingenallee bezeichnete.

Links Mitte:
Zwischen dem vierten und fünften Pylon Thutmosis I. errichtete Königin Hatschepsut zwei 29,5 Meter hohe Obelisken, die bei den ‘ Ägyptern techen hießen, was „den Augapfel verletzen“ oder „den Himmel ritzen“ bedeutet, und die man als Mittler zwischen Himmel und Erde begriff.

Links:
An der Nordwestecke des Sees hat man die Figur eines riesigen Skarabäus aufgestellt, die ursprünglich aus dem Totentempel Amenophis III. am thebanischen Westufer stammt.

Unten:
Dieser Heilige See an der Südseite des Tempels diente sowohl zu rituellen Bootsfahrten als auch zu Reinigungszwecken.

Linke Seite und oben:
Wer den „Westen“ aufsuchen will – wie die alten Ägypter sowohl den Friedhof wie auch das Totenreich nannten –, der nehme in Luxor-Stadt die Personenfähre nach Theben-West – mit Luxor im Hinter-grund (oben).

Links:
Kein roher Charon setzt einen hier über, sondern freundliche vertrauenswürdige Fährleute wie dieser sympathische Kapitän.

Links:
Am Westufer des Nil wurden seit jeher die Toten bestattet. Heute ist es – wie das am Berghang gelegene Scheich Abd al-Qurna (oben) – auch Terrain der Lebenden. Zwischen den Behausungen der Dorfbewohner liegen an die 450 „Häuser des Westens" – und man lebt hier nicht schlecht von den Toten (Mitte und unten).

Oben:
Die wie Findlinge in der Landschaft stehenden Memnon-Kolosse sind eigentlich Überbleibsel eines nicht mehr existierenden Tempels Amenophis III. Ihren Namen aber verdanken sie einem bei Troja gefallenen König. Als nämlich einer der beiden nach seiner Zerstörung durch ein Erdbeben im Jahre 27 v. Chr. bei Sonnenaufgang ein singendes Geräusch von sich gab, assoziierte man dieses mit dem Klagelied des König Memnon an seine Mutter Eos, die Göttin der Morgenröte. Seit knapp 2000 Jahren – genauer: seit der Restaurierung durch Septimus Severus – ist der Heldengesang allerdings wieder verstummt.

Oben rechts und unten:
Einer der größten und berühmtesten Tempel ist das sogenannte Ramesseum, der Tempel Ramses II., wo auch heute – wie hier im zweiten Hof mit den erhaltenen Osiris-Pfeilern und einem Kopffragment des Pharao – noch ständig Ausgräber und Restauratoren am Werke sind.

Oben links:
Ein weiteres, besonders schönes Kopffragment von einer der Kolossalstatuen Ramses II. im Großen Hof des Luxor-Tempels.

Rechte Seite:
Unmittelbar an der Grenze zum Fruchtland reihen sich auf dem Wüstenboden die Totentempel oder „Häuser von Millionen Jahren“ aneinander. Ramses III. versuchte in seinem eigenen „Jahrmillionen-Haus“ in Medinet Habu dem großen Vorgänger, Ramses II., nachzueifern. Sowohl der Plan des Tempels als auch einige der Reliefs sind wahrscheinlich Kopien nach Vorbildern aus dem Ramesseum. Anders als dieses aber befindet sich die Anlage in Medinet Habu in hervorragendem Erhaltungszustand.

Seite 106/107:
Baumeister Senenmut, Vertrauter und wohl auch Geliebter der Pharaonin Hatschepsut, setzte den genialen Terrassentempel vor die spektakuläre Felskulisse bei Deir el-Bahari und schuf so das eindrucksvollste Bauwerk von Theben-West: „ein Steinlicht in dieser Totenstadt, griechisch tausend Jahre vor Griechenland...", wie Ingeborg Bachmann bewundernd schrieb.

Seite 108/109:
Die Hauptsorge der alten Ägypter galt ihrem Grab, ihrem „Haus im Westen", das ihnen die Fortdauer ihres Namens und Unsterblichkeit garantierte und das sie anders als ihre irdischen „Absteigen" nicht aus vergänglichen Lehmziegeln, sondern ewigem Stein errichteten. Im Neuen Reich ließen sich die Pharaonen in einem abgelegenen Seitental des Wüstengebirges aufwendige Felsengräber anlegen. Die ganz eigene, geheimnisumwitterte Ausstrahlung, die das „Tal der Könige" für viele seiner heutigen Besucher hat, wurde auch schon damals empfunden. Als Heimat des Schakals und des „teuflischen" Osiris-Gegenspielers Seth waren die Westliche Wüste und das „verbotene" Tal den Ägyptern unheimlich.

Oben:
Zu Unrecht geriet Ta set neferu, „der Sitz der Schönheit“, besser als „Tal der Königinnen“ bekannt, für lange Zeit in Vergessenheit; es blickt auf eine längere und bewegtere Geschichte zurück als jenes der Könige. Die zwischen der 18. und 20. Dynastie angelegten, mehr als hundert Grabschächte für „große königliche Gemahlinnen“, „königliche Prinzen“ und den Hofstaat wurden sehr rasch systematisch geplündert, dann wieder bis in die Römerzeit intensivst genutzt, um schließlich von den ersten christlichen Mönchen als Kirchen und Zellen zweckentfremdet zu werden.

Rechts oben:
Das schönste Grab des Tales, dessen einzigartige Malereien zwischen 1986 und 1992 einer umfassenden Restaurierung unterzogen wurden, ist das der Nefertari, der Gattin Ramses II. und einer der berühmtesten Königinnen Ägyptens.

Rechts Mitte und unten:
Das Grab Thutmosis III., des Nachfolgers der Hatschepsut, gehört zu den frühen Gräbern im Tal der Könige, deren Wände überwiegend mit dem Text des Unterweltsbuches „Amduat", einer Art Reiseführer durchs Jenseits, beschriftet wurden und wie ein riesiger aufgerollter Papyrus wirken.

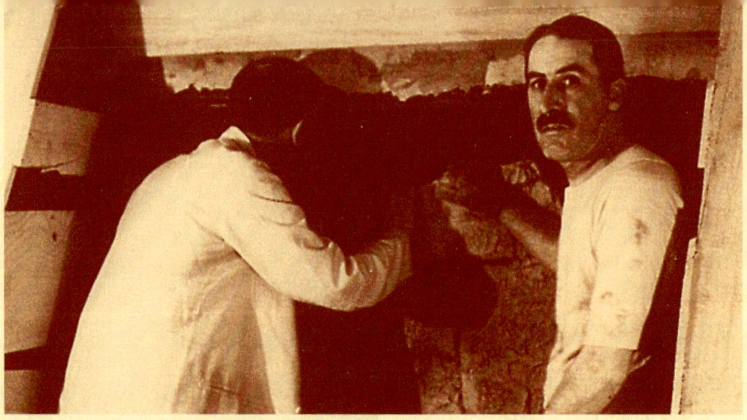

Am 17. Februar 1923 öffneten Howard Carter (rechts) und Lord Carnarvon die Türvermauerung zur Sargkammer des kleinen Pharao.

DAS GRAB DES PHARAOS

TUTA

Ganz oben:
Direkt unterhalb des Grabes Ramses VI. liegt der – heute von einer Mauer eingefasste – Eingang zum Grab Tutanchamuns.

Oben:
Ein wüster Verhau aus vergoldeten Bettgestellen, Streitwägen und Truhen – so bietet sich die Vorkammer des Grabes dem ersten Blick der Ausgräber dar.

Am 28. Oktober 1922 startete Howard Carter seine sechste Grabungskampagne im Tal der Könige. Sein Finanzier, der britische Adlige Lord Carnarvon hatte ihm im selben Sommer beschieden, dass er nicht bereit sei, weitere Summen in den Sand zu setzen. Nachdem Theodore Davis schon 1907 das Grab Tutanchamuns entdeckt zu haben glaubte, hatte der skeptisch gebliebene Carter fünf Winter lang auf dem Dreieck zwischen den Gräbern Ramses' II., Ramses' VI. und Merenptahs jeden Stein umgewendet. Im Herbst '22 ist nur noch eine kleine unerforschte Fläche unterhalb des Grabes von Ramses VI. verblieben.

Angesichts seines letzten Versuchs ist der sonst eher gelassene Carter nervös. Als er sich am 4. November dem Grabungsplatz nähert, begrüßen ihn die Vorarbeiter und ihre Helfer mit „eindrucksvollem Schweigen" – wie er später schrieb. Der Grund: Sie hatten eine in den Fels gehauene Stufe entdeckt. Nach weiteren 15 Stufen stoßen sie auf eine Tür, die zwar Einbruchsspuren, aber auch das unbeschädigte Siegel der Friedhofsverwaltung der 18. Dynastie trug.

EINE ARCHÄOLOGISCHE PREMIERE!

Carter telegrafiert sofort an Carnarvon. Erst nach dessen Eintreffen drei Wochen später wird weitergearbeitet. Zwei Siegel mit den Königszeichen Tuts kommen zum Vorschein, und nach Freilegung des Ganges naht der „Tag aller Tage": Mit einer Eisenstange durchstößt Carter die zweite Scheintür. Zitternd hält er eine Kerze ins stockdunkle Innere und erkennt – zunächst nichts: Die Vergoldung der Gegenstände blendet ihn buchstäblich. Nach einer Weile durchbricht Lord Carnarvon die ehrfürchtige Stille: „Can you see anything?" Carter schluckt und flüstert heiser. „Yes, wonderful things ..."

Sie haben die Vorkammer erreicht, erblicken vergoldete Bettgestelle, Streitwagen, Kästen und Truhen. Drei Monate vergehen mit dem Registrieren der Schätze (zehn weitere Jahre mit der wissenschaftlichen Sicherung des gesamten Funds), dann

Die Mumie des Tut liegt – weil zu schlecht erhalten – wieder in ihrem rosa Sarkophag; die Malereien sind, verglichen mit denen anderer Gräber, eher bescheiden, d.h. einem so relativ unbedeutenden Pharao angemessen.

Stolz zeigt dieser alte Nubier aus Luxor Photographien seines Großvaters, der Carters Grabungsteam angehörte.

NCHAMUN

erst wird die Sargkammer geöffnet, und Carter starrt auf die „die größte vergoldete Fläche, die es auf Erden gibt“, einen gewaltigen Holzschrein, der drei weitere sowie drei Särge in Mumienform und den einbalsamierten König umschließt. Fast noch größeres Erstaunen ruft die Schatzkammer mit dem von vier anmutigen Schutzgöttinnen bewachten vergoldeten Kanopenschrein hervor, der vier Miniatursärge mit den Eingeweiden des Königs birgt.

Wer war der Mann, den man mit derartigem Prunk bestattete? Fast jeder, der zum ersten Mal ins goldene Antlitz Tutanchamuns blickt, ist hingerissen vom kindlichen Schmelz des kleinen Pharao, erschlagen von der güldenen Pracht seiner Grabschätze – Inbegriff des Glanzes des Pharaonen. In der dreitausendjährigen Geschichte Altägyptens aber war Tut – so paradox es klingt – ein Niemand, ein machtloser Regent, Söhnchen des großen Ketzers Echnaton

zwar und vielleicht dessen zweiter Tochter Maketaton, der – als Minderjähriger mit seiner Halbschwester Anchesenamun verheiratet – nur 9 Jahre den Königstitel trug und mit etwa 17 Jahren starb oder ermordet wurde.

Die Regierungsgeschäfte wurden von seinem Stellvertreter Haremhab und dem Wesir Eje geführt. Bedeutsam war Tut allein durch die Restauration des Amunkults, mit der er die monotheistische Revolution Echnatons rückgängig machte, und durch sein Grab, das – gerade wegen Tuts Bedeutungslosigkeit – bald vergessen und folglich als einziges mit weitgehend unversehrtem Goldschatz entdeckt und zur archäologischen Sensation des 20. Jahrhunderts werden konnte.

Die vergoldeten Züge des Kindkönigs sind heute in einem eigens Tutanchamuns Grabschatz gewidmeten Flügel des Ägyptischen Museums in Kairo zu bewundern.

Rechts und S. 115 unten:
Ganz im Zeichen der „schönen Leiche“ steht das „Museum zur Mumifizierung“ in Luxor. 70 Tage lang wird der Leichnam mit Natriumsalzen entwässert, dann mit Duftölen und -harzen eingerieben und in Leinenbinden gewickelt. Meinte es der Balsamierer besonders gut, wie etwa bei Maseharti, dem Hohenpriester des Amun, so stopfte er die inzwischen geschrumpfte Mumie auch noch mit Lumpen oder Sägespänen aus (S. 115 unten links). Die im Zuge der Balsamierungsprozedur entnommenen Eingeweide – Leber, Magen, Lungen und Därme – wurden einzeln in Kanopenkrügen konserviert und göttlichen Beschützern, nämlich den vier Horussöhnen, anvertraut, deren Köpfe die Kanopendeckel schmücken: Der hier abgebildete hundsköpfige Duamutef ist für den Magen zuständig (S. 115 unten rechts). Die fertige Mumie wird in einen – oder mehrere ineinandergeschachtelte – anthropomorphe Mumiensärge gelegt. Hier die Mumienhülle der Ba-di-Amon (rechts).

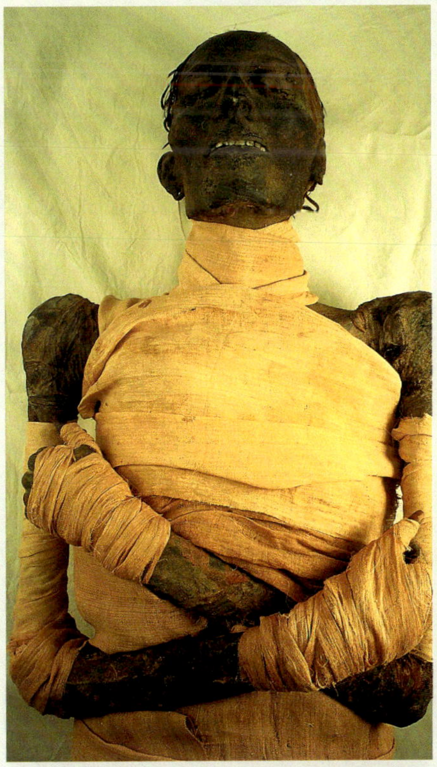

Ganz oben und oben rechts:
Es wurden auch alle möglichen Tiere mumifiziert, heilige Krokodile etwa (ganz oben), wie man sie in Kom Ombo und im Faijum verehrte, oder Affen (oben rechts), die als „Sonnendiener" und Tiere des Gottes Thot galten.

Oben links:
Ein Vogel mit Menschenkopf wie der hier abgebildete stellt den sogenannten „Ba" dar, die Vogelseele, die als ein nur Göttern und Verstorbenen zukommendes bewegliches Prinzip für deren Mobilität zwischen Jenseits und Diesseits sorgt.

Oben Mitte:
Schmaler Kopf, wunderbare Lippen und ein herrliches Profil – die zweifellos schönste und ergreifendste Mumie ist die des Thutmosis IV. im Mumiensaal des Ägyptischen Museums in Kairo.

Links:
Die Anfänge des Doppeltempels von Kom Ombo, der dem Krokodilgott Sobek und dem falkenköpfigen Haroeris geweiht ist, gehen auf Ptolemaios III. oder IV. zurück. Ein größerer Teil des Heiligtums aber wurde erst etwa 150 Jahre später unter Neos Dionysos, dem Vater der Kleopatra, errichtet, durch dessen monumentales Tor man den Tempel betritt.

Rechte Seite:
Der Horus-Tempel von Edfu darf als der bestkonservierte der antiken Welt gelten; bis 1860, als der französische Archäologe Auguste Mariette ihn freizulegen begann, war er fast vollständig unter Sand begraben. Auch wenn man den Tempel (oben) heute von der Rückseite des Hofes betritt, sollte man die Besichtigung am ersten Pylon beginnen, dessen Ausmaße, wie die der gesamten Anlage dieses zweitgrößten ägyptischen Tempels, gewaltig sind. Im Hof vor der ersten Säulenhalle steht einer der majestätischen Horusfalken (unten links); sein Pendant liegt kopflos im Sand. Da das Dach vollständig erhalten blieb, kann man die einstige Raum- und Lichtwirkung des Tempels, wie hier im Säulensaal (unten rechts), ohne Abstriche nachempfinden.

Links:
Zu Recht eines der meistfotografierten Panoramen der Welt: der Nil bei Assuan mit Blick auf die Insel Elephantine, die ihren Namen den dunklen, an eine badende Elefantenherde erinnernden, Granitfelsen verdankt. Im Hintergrund am westlichen Nilufer das Mausoleum des Ismaelitenführers Aga Khan.

Oben:
Nicht nur die Reste des Chnumtempels graben Wissenschaftler des Deutschen Archäologischen Instituts seit 1969 hier im Süden der Elefanteninsel aus, sondern eine ganze Siedlung: das bis ins Alte Reich zurückreichende Jebu, das eine wichtige Grenzstadt und bedeutendes religiöses Zentrum war.

Angesichts einer still vorübersegelnden Feluke (wie unten im Bild) assoziierte Flaubert: „Das ist der wahre Orient, ein melancholischer und einschläfernder Eindruck, man ahnt etwas Unermessliches und Unerbittliches, in dem man verloren ist.“ Schriftstellerkollegin Agatha Christie, ebenfalls Viktorianerin, konnte die orientalische Verlockung nichts anhaben; im Cataract Hotel (rechts), von dessen über dem Nil gelegenem Pool gerade noch eine Ecke sichtbar ist, fand sie eine ihrem Schreiben zuträgliche Oase der Stille.

Im Nilometer auf Elephantine wurden über Jahrtausende die Wasserstandschwankungen gemessen (links Mitte), anhand derer die Behörden die Steuern festsetzten. 1898 bis 1902 errichteten die Briten einen ersten Damm, 1960 bis 1971 realisierte Gamal Abdel Nasser mit dem Assuan-Hochdamm sein nationales Prestigeobjekt (unten), das die historischen Bewässerungssyteme (ganz unten) obsolet machte. Westlich des Damms erhebt sich das Denkmal der ägyptisch-russischen Freundschaft (links) und erinnert an die Hilfe der Sowjets bei seinem Bau.

Oben und links oben:
Zu den nubischen Tempelbauten, die vor der Überflutung durch die Wasser des Staudamms gerettet wurden, gehört der 1963 mit Hilfe der Bundesrepublik abgetragene Mandulis-Tempel von Kalabscha mit seinem weitgehend schmucklosen Pylon (links oben) ebenso wie das Isis-Heiligtum von Philae (oben), das man auf die Nachbarinsel Agilkia versetzte und dessen Reliefs im Flutlicht der abendlichen Light-Show einen spektakulären Anblick bieten.

Links Mitte:
Nicht minder beeindruckend in seiner Grazilität und schwebenden Leichtigkeit ist der ebenfalls zum Philae-Komplex gehörende Trajanskiosk des gleichnamigen römischen Kaisers, einer der schönsten Bauten Ägyptens.

Links unten:
In den Steinbrüchen südlich von Assuan, wo man jahrtausendelang den Rosengranit für Statuen und Säulen brach, liegt, an der Unterseite noch mit dem Fels verbunden, dieser unvollendete Obelisk.

Isis ist die Schwestergemahlin des Osiris und Mutter des Horus, den sie hier stillt – eine häufig vorkommende Darstellung, die zum Vorbild der Maria lactans in der christlichen Ikonographie wurde. Da Isis oft mit anderen Göttinnen gleichgesetzt wurde, nannte man sie auch „die Vielgestaltige".

DIE WELT DER GÖTTER

SETH,

Am Anfang nahm Atum, Urvater und Schöpfergott, – mangels Gefährtin – die Dinge selbst in die Hand. Der „große Gackerer", der auf einem Schlammhügel aus dem Ur-Ozean „Nun" aufgetaucht war, masturbierte und „erschuf ganz allein jedes Geschöpf". Als erstes Schu (Luft), den er ausnieste, danach Tefnut (Feuchtigkeit), die er ausspie. Dieses erste Paar zeugte Geb (Erde) und Nut (Himmel). In einem spektakulären Akt erfolgte dann die in der ägyptischen Kunst häufig dargestellte Trennung von Himmel und Erde: Über dem liegenden Geb hebt Luftgott Schu den sternenübersäten Leib der Nut in die Höhe. Durch Scheidung von Trockenem und Feuchtem, Himmel und Erde wurde so die kosmische Ordnung erschaffen, die die Kinder von Geb und Nut – Osiris, Seth, Isis und Nephtys – zur „Götterfamilie" der großen Neunheit von Heliopolis vervollständigten. Denn die Zahl Neun war, als Potenzierung der Drei (=Vielzahl) mit der Drei, Abbild absoluter Vollkommenheit.

Heliopolis galt traditionell als Kultort des Re, des Sonnengotts, der aufgrund seiner Bedeutung „reich an Namen und Gestaltungen" war. Als Skarabäus oder falkenköpfiger Re-Harachte ging er am Morgen im Osten auf, erschien mittags und abends in Menschengestalt und auf seiner Nachtfahrt durch die Unterwelt schließlich als Widder oder Katze. Als die Könige der fünften Dynastie Re zum Staatsgott erhoben und in Heliopolis das älteste Sonnenheiligtum errichteten, existierte dort bereits der Kult des Lokalgotts Atum, den der neue Gott Re nun allerdings nicht verdrängte, sondern mit dem er sich zu Re-Atum verband.

Ähnlich machte später ein thebanisches Fürstengeschlecht seinen widderköpfigen Urgott Amun zum Staatsgott, der dann wiederum die Züge Res in sich aufnahm. In derartigen nie v ollständig erfolgenden Verschmelzungen drückt sich ein Grundprinzip des ägyptischen Denkens aus, das kein logisches Entweder-oder kennt, sondern stets auf einem Sowohl-als-auch beharrt.

Zahlreich sind die Mythen von der Entstehung der Welt und der Götter, zahlreich deren Gestalten (Mensch, Tier, Pflanze, Mischwesen) und Konstellationen (lokale Familientriaden wie

Links Mitte:
Chepre, der Werdende, repräsentiert die aufgehende Sonne und wird als Skarabäus (Mistkäfer) oder auf einem Thron sitzend menschengestaltig mit Skarabäuskopf abgebildet.

Links:
Der falkenköpfige oder falkengestaltige Horus bzw. Harachte ist der Sohn von Isis und Osiris. Er ist auch der Landesgott Oberäyptens, mit dessen weißer Krone er hier an seinem Kultort Edfu dargestellt ist, sowie der Beschützer des Pharaos. Mit Re verbindet er sich zu Re-Harachte, dem Herrn des Horizonts, d.h. der Verkörperung der Sonne in den ersten beiden Morgenstunden.

ISIS, OSIRIS

Osiris-Isis-Horus ebenso wie die universale Dreiheit von Amun, Re und Ptah). Nur durch vielfältige Umschreibung, so scheint es, lässt sich die Komplexität des Seins fassen, das Göttlich-Unsichtbare sichtbar machen. Nie aber schließen sich diese Gestalten und Überlieferungen, wie in den großen monotheistischen Buchreligionen, zur widerspruchsfreien Einheit zusammen, ob nun des Gottes oder seiner Offenbarung.

Ägyptische Religiosität realisiert sich nicht in Gottes Wort, sondern im Handeln. In Stellvertretung des Pharao vollziehen die Priester die Rituale im Tempel: Morgen für Morgen wird das Siegel des heiligen Schreins zerbrochen, begrüßt der Priester den Gott und nähert sich dem Kultbild mit den Worten: „Der König ist es, der mich sendet, den Gott zu schauen. Ich bin gekommen, um zu tun, was getan werden darf". Mit Weihrauch wird die Stirnschlange des Gottes besänftigt. Das Götterbild wird abgeschminkt, gereinigt, gesalbt, gekrönt, aufs neue geschminkt und durch das „Mundöffnungsritual" zum Leben erweckt.

Derartige Kulthandlungen sind nicht Selbstzweck, sondern für den Ägypter geradezu welterhaltend. Durch ihren ununterbrochenen Vollzug wird die Mechanik der Welt in Gang gehalten, „Ma'at" (= Ordnung) gestiftet. Ihre Aussetzung würde „Isfet" heraufbeschwören, die kosmische wie menschliche Welt ins Chaos stürzen.

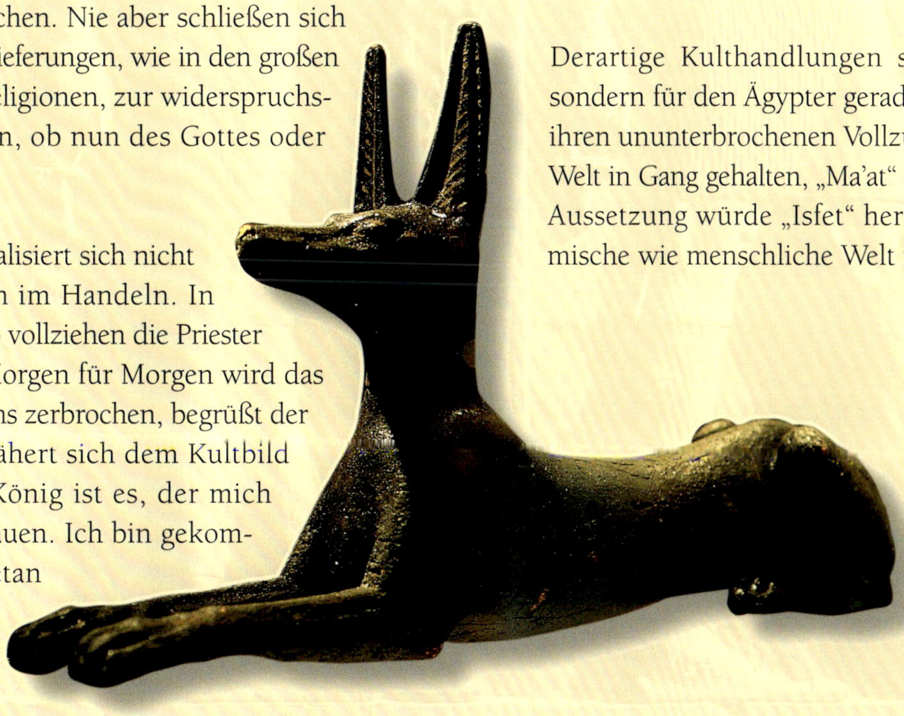

Als Herrn der Nekropole und der Pforten des Dat oder auch als „Balsamierer" bezeichnet man den Gott Anubis, der als Schakal oder schakalsköpfiger Mensch dargestellt wird und die Toten ins Jenseits geleitet.

Oben:
Die Fassade des Großen Tempels mit den vier Sitzriesen.

Links:
Der Rechtsaußen des Quartetts.

„Der erste Eindruck aus der Ferne ist nicht überwältigend", schreibt der Ägyptologe Walter Wreszinski in seinem Kulturatlas des alten Ägypten über die beiden Felsentempel Ramses II. in Abu Simbel, „erst ... wenn der Beschauer sich auf etwa 150 Meter dem Tempelplatz genähert hat, geht ihm die Größe und Wucht der Fassade auf. Dann aber erhöht sich der Zauber in jeder Stunde." Und nicht nur das wechselnde Tageslicht, auch die künstliche Beleuchtung am Abend verleihen „den Kolossen einen immer neuen Ausdruck" und erfüllen sie „dadurch mit starkem eigenen Leben".

Unten:
Im kleineren, nördlichen Hathor-Tempel setzte Ramses II. seiner Lieblingsfrau, der Großen Königlichen Gemahlin Nefertari Meri-en-Mut (N., von Mut geliebt), ein Denkmal. Die Bedeutung der Königin zeigt sich sowohl an der Fassade, wo ihre Statuen die gleiche Größe erreichen wie die des Königs, als auch in der gesamten Ikonographie des Tempels, in der Nefertari als irdisches Abbild der Hathor gefeiert wird.

Rechts:
Die vier 10 Meter hohen Pfeiler in der Großen Pfeilerhalle, die einen unmittelbaren Eindruck der einstigen Farbigkeit vermitteln, stellen den König als Osiris dar. Auf den ihnen gegenüberstehenden Pendantserscheint er als Horus mit der Doppelkrone des Herrschers.

Links:
Im Allerheiligsten sitzen, dem Tempeleingang zugewandt, vier Statuen: die des Ptah, des Amun-Re, des vergöttlichten Ramses II. und des Re-Harachte. Zweimal im Jahr, am 20. Oktober und am 20. Februar, beleuchten die einfallenden Sonnenstrahlen nacheinander die Statuen und beleben sie. Einzig der Schöpfergott Ptah wird nicht von ihnen berührt.

Unten:
Themen der Reliefs im Hathor-Tempel sind die unvermeidliche Niederschlagung der Feinde sowie das vor diversen Göttern opfernde Königspaar.

Ganz unten:
Das linke Relief (frontal) in der Nordwestecke des Großen Tempels zeigt Ramses II. zwischen Amun und Mut. An der Seitenwand Szenen der berühmten Schlacht von Kadesch.

JENSEITS DES NILS – SINAI, ROTES MEER, OASEN

Wer den Sinai und das Rote Meer gesehen hat – so heißt es –, kennt das übrige Ägypten noch lange nicht. Wer aber umgekehrt nur den Nil bereist hat, der hat auch erst die Hälfte gesehen. Das dicht besiedelte Flusstal, die jahrtausendealten pharaonischen Monumente sind hier sehr fern. Vor allem Landschaft bieten die Östliche Wüste und der Sinai – die „einzige Landschaft, für die Augen gemacht sind", wie Ingeborg Bachmann schrieb. Weite und Wüste im Norden, schroff-spektakuläre Gebirgsformationen aus Sandstein, grau-, rot- und rosaschimmerndem Granit, mit schwarzen Lavabändern durchzogen, im südlichen Viertel. Trotz menschenfeindlicher Klimabedingungen (Sommertemperaturen von über 40 Grad, Schnee-

Einsam und abgeschieden liegt unweit der Oase El-Baharija dieser Salzsee an der einst schwierigsten und gefährlichsten aller Karawanenrouten.

fälle auf den Berggipfeln im Winter) war die Landbrücke zwischen Afrika und Asien nie völlig menschenleer. Früheste vorgeschichtliche Spuren, Waffen und Geräte aus Feuerstein, lassen sich bis 20 000 v. Chr. zurück datieren. Und seit Jahrtausenden ist die Halbinsel bedeutendes Durchzugsgebiet zwischen den Kontinenten, für Handelskarawanen, Kriegstruppen und den wohl berühmtesten Zug von allen, den

EXODUS DER ISRAELITEN.

Für die Ägypter ist die Wüste seit jeher das Heim der Djinn, der Geister und Teufel – unwirtlich, bedrohlich, und allenfalls wirtschaftlich von Interesse. Südlich von Safaga etwa entdeckten Archäologen Überreste des Hafens Sauu, dem vermuteten Ausgangspunkt der berühmten Punt-Fahrt der Königin Hatschepsut. Und bereits in der 3. Dynastie schickten die Pharaonen Expeditionen auf den Sinai, um die dortigen Türkisvorkommen auszubeuten. Im Mittleren Reich wurde in der Nähe der Kupferminen von Serabit el-Chadim ein der Hathor, der „Herrin des Türkises", geweihter Tempel errichtet, den man heute noch besuchen kann.

Anders als die Altägypter betrachteten die Christen die Wüste zunächst als Zuflucht vor ihren Verfolgern und später vor den Versuchungen der Welt. Das berühmteste, auf eine 324 erbaute Kapelle der

Obwohl El-Arisch im Norden die größte Stadt des Sinai und vor allem Ferienort ist, macht sich die beduinische Vergangenheit noch immer bemerkbar: im Konservatismus der Einwohner, dem wöchentlich stattfindenden Beduinenmarkt und nicht zuletzt auch in den Kamelrennen.

heiligen Helena zurückgehende, ägyptische Kloster – St. Katharina – steht in einem Wadi des Südsinai zwischen dem Gebel Musa (dem angeblichen Ort der Übergabe der 10 Gebote) und dem Katharinenberg. Seinen Namen verdankt es der im 4. Jahrhundert in Alexandria verstorbenen Märtyrerin, deren auf dem Gebel Katarin aufgefundene Gebeine in einem Marmorsarkophag in der Basilika ruhen. Darüber hinaus wird innerhalb der Klostermauern nicht nur der heilige Dornbusch verehrt, sondern auch eine der bedeutendsten Ikonensammlungen der christlichen Welt und ein Schatz an Handschriften in den verschiedensten Sprachen des alten Orients aufbewahrt.

Die meisten der heutigen Sinaipilger aber zieht es nicht mehr in die Wüste, sondern an die Strände, genauer gesagt: in die farbenschillernde Unterwasserwelt. Mit Temperaturen über 19 Grad und seichten Küstengebieten bietet das Rote Meer ideale Wachstumsbedingungen für Korallenriffe und ein grellbuntes Fischhabitat.

SHARM ESH-SHEIKH,

an der Südspitze des Sinai gilt als Shangrila der Taucher. Papageienfische in Türkis und Lila, flammenfarbige Kaiserfische, zitronengelbe Schmetterlingsfische mit blauen und schwarzen Streifen ziehen hier durch eine bizarre Rifflandschaft aus gewaltigen Türmen und Zinnen, gallertartigen Riesenhirnen, verzweigten Elchschaufeln und Spitzenfächern. Doch das Paradies ist in Gefahr: Die seit den 50ern betriebene Erdölförderung und mehr als 75 000 jährliche Tauchgänge allein an der Südspitze der Halbinsel richteten gewaltige Schäden an.

Fern und unwirtlich wie den Sinai empfanden die Ägypter auch die Westliche Wüste, Descheret (rotes Land) genannt, eine zwielichtige Zone, in der nachts die Schakale heulten und wo Seth, der Gott des Chaos und Unfriedens (eine Art vorchristlicher Teufel) regierte.

5000 Kilometer weit erstreckt sich hier die größte Wüste der Welt bis zur Atlantikküste, unterbrochen nur von wenigen grünen Punkten. Fünf dieser „Inseln der Gesegneten", wie Herodot die Oasen nannte, liegen in Ägypten, überall dort nämlich, wo die parallel zum Nil verlaufende unterirdische Wasserader in erodierten Bodensenken zutage tritt.

El-Baharija (die Nördliche) wurde, wie den Malereien im Grab des Oasenvorstehers Amenophis-Huy aus der 18. Dynastie zu entnehmen ist, wohl schon zur Zeit des Neuen Reiches landwirtschaftlich genutzt und besitzt noch heute die schönsten

Links:
Siwas Reichtum sind die über 300 000 Dattelpalmen, die neben den Früchten auch Bast, Palmmilch, Brenn- und Baumaterial liefern und eine ganze Industrie unterhalten.

Gärten aller Oasen: Im Schutz der Palmen gedeihen Datteln, Oliven, Orangen, Aprikosen, Zitronen und Granatäpfel in geradezu tropischer Üppigkeit. Die Fahrt nach Farafra führt durch die „Weiße Wüste", eine der phantastischschsten Landschaften Ägyptens, wo bizarre, vom Wind aus den weißen Kalkstein geschliffene Felsformationen aus dem Sand ragen.

Ed-Dachla ist die größte der Oasen. Sehenswert ist hier vor allem El-Quasr, die mittelalterliche Hauptstadt, in deren Zentrum eine Moschee, eine Madrasa und zahlreiche vierstöckige Häuser überdauert haben.

Die geheimnisvollste Oase aber ist und bleibt Siwa, wo sich Alexander der Große 332 v. Chr. in einem

Oben links:
Bei Ain Musa, der Mosesquelle, soll Moses – wie heute diese Beduinenkinder – mit den Israeliten gerastet haben. Mit Gottes Hilfe sei es ihm gelungen, die salzhaltigen Quellen in Trinkwasser zu verwandeln.

der berühmtesten Orakeltempel der Antike, dem Ammuneion, sein Gottkönigtum bestätigen ließ. Aufgrund ihrer Abgeschiedenheit nahe der libyschen Grenze haben sich ihre Bewohner, Nachfahren von Berbern, die sich mit Arabern und Schwarzafrikanern vermischten, lange ihre kulturellen Eigenarten, und auch den Berberdialekt „Siwi", bewahren können.

In der Nähe Siwas gibt es inmitten des großen Sandmeers mehrere heiße Quellen, als deren berühmteste Kleopatras Bad gilt, welches Touristen und inzwischen auch einheimischen Männern zu genau diesem Zwecke dient.

Oben:
Boote bringen die Taucher zu den Korallenriffen, wie hier in Hurghada.

Rechts:
Der Süden der Sinaihalbinsel hat sich vor allem in den letzten 20 Jahren zum Paradies für Taucher, Schnorchler und andere Wassersportler entwickelt. In Dahab, dem Noch-Hippie-Idyll am Golf von Aqaba, kommt auch der Windsurfer auf seine Kosten.

Seite 134/135:
Lockende Welten gibt es hier nicht nur unter Wasser: der Fährhafen von Sharm esh-Sheikh an der Südspitze des Sinai vor traumhafter Gebirgskulisse.

Links:
In der Shark Bay, einem Tauchrevier in der Nähe von Sharm esh-Sheikh, werden, wie der Name schon verrät, ab und zu Haie gesichtet. Hier ein Lionfish, ein zwar etwas harmloserer, aber dennoch nicht ungefährlicher Meeresbewohner.

Links Mitte:
Flipper in Ägypten: Der stumme Abdallah aus Nuweiba lässt sich von seinem Delphin-Freund Olin durchs Wasser ziehen. Abdallahs Brüder haben aus der ungewöhnlichen Freundschaft ein florierendes Geschäft gemacht.

Ein stärkerer Gegensatz zur psychedelisch schillernden Unterwasserwelt ist kaum denkbar: Ocker und Sandbeige sind die Farben der Wüste im schönen Haggag-Tal (oben). Etwas bunter geht es – wie der Name schon sagt – im Coloured Canyon zu. In Weiß, Gelb und einer Unzahl von Rottönen schimmert der Sandstein zu den verschiedenen Tagesstunden (links unten). Zu Fuß oder aber mit Beduinenführer und Mietkamel kann man die Schlucht auf verschiedenen Wegen erkunden (links Mitte).

Links oben:
Im Wadi Mukattab, dem Tal der Inschriften, findet man auf einer Strecke von gut 2 Kilometern mehr antike Graffiti als an irgendeiner anderen Stelle auf dem Sinai: die Inschriften sind in Hieroglypen, in Nabatäisch, Hebräisch und Griechisch verfasst und datieren von 2600 v. Chr. bis in die byzantinische Zeit.

Links:
Um der Verfolgung des Decius zu entgehen, wurde der hl. Paulus (228–343 v. Chr.), einer der ersten geistigen Führer Ägyptens, auch zum ersten Eremiten des Landes. Über seinem Grab in der Östlichen Wüste entstanden zwischen dem 6. und 8. Jahrhundert die ersten Klosterbauten. Die heutige Abtei – dem Afrikaforscher G. Schweinfurth zufolge, in einem „grauenvollen Talkessel" gelegen – stammt aus dem 16. Jahrhundert.

Oben:
Das im 4. Jahrhundert entstandene Kloster Bischoi ist das bekannteste der Klöster im Wadi Natrun, das an der Wüstenstraße zwischen Kairo und Alexandria liegt.

Unten:
Gottesdienst in einer der drei Kirchen, die sich innerhalb der Klostermauern des heiligen Paulus befinden.

Seite 142/143:
Wer im Morgengrauen den Mosesberg erklimmt, wird mit immer neuen spektakulären Aussichten belohnt.

Links:
Aufgrund seiner Geschichte, seiner Handschriften- und Ikonensammlung ist das Katharinenkloster das berühmteste Ägyptens. Vom gegenüberliegenden Berg aus kann man über die 12 bis 15 Meter hohe Mauer des Klosters hinweg ins Innere blicken.

Oben:
Im Hof des Kloster sitzt Father John, der wie die meisten Mönche dieser griechisch-orthodoxen Abtei nicht aus Ägypten stammt.

Unten:
Die Bibliothek, die schon seit langem nicht mehr besichtigt werden darf, enthält unschätzbare Kostbarkeiten: über 2000 griechische und 700 arabische Handschriften sowie syrische, georgische, slawische und äthiopische Pergamente.

Rechts:
Das Gebäude der Kanalverwaltung mit seinen glänzenden grünen Kuppeln ist das bekannteste Wahrzeichen der Stadt Port Said, die 1859 anlässlich des Baues des Suezkanals gegründet wurde und sich seit seiner Eröffnung im Jahre 1869 zur zweitgrößten Hafenstadt des Landes entwickelt hat. Für Ägyptens Gläubiger England und Frankreich brachte der Kanal Prestige und Profit, den Ägyptern bescherte er nach der Verstaatlichung durch Nasser mehrere militärische Aggressionen durch Israel, Franzosen und Briten.

Oben:
Internationale Containerschiffe, wie dieses deutsche, passieren Tag für Tag den Kanal und verschafften Ägypten während der 90er Jahre Einnahmen in Höhe von 1 bis 1,5 Mrd. US $. Ganz unten das Logbuch des Frachters.

JOLLY ROSSO
MESSINA
MESSINA
MESSINA
MESSINA

Links:
„Der Weg soll nicht verloren gehen, die Markierungen sichtbar bleiben. Die Piste ist schmal, fast nie zu sehen, weil nur die Räder auf ihr Platz finden", schrieb Ingeborg Bachmann über ihre Fahrt durch die ägyptische Wüste. Piste bei der Oase Siwa unweit der libyschen Grenze.

Oben:
Spuren eines Menschen? eines Kamels? In der Nähe der Oase Siwa in der Westlichen Wüste.

Seite 148/149:
Wenn sich der Vollmond über der mittelalterlichen Festung von Shali erhebt, erreicht die Oasenromantik der siwanischen Szenerie einen kaum zu überbietenden Höhepunkt.

Seite 152/153:
Zwischen Farafra und El-Baharija erheben sich in der Weißen Wüste phantastischskurrile Kalkst einformationen, die zuweilen an moderne Plastiken erinnern.

REGISTER

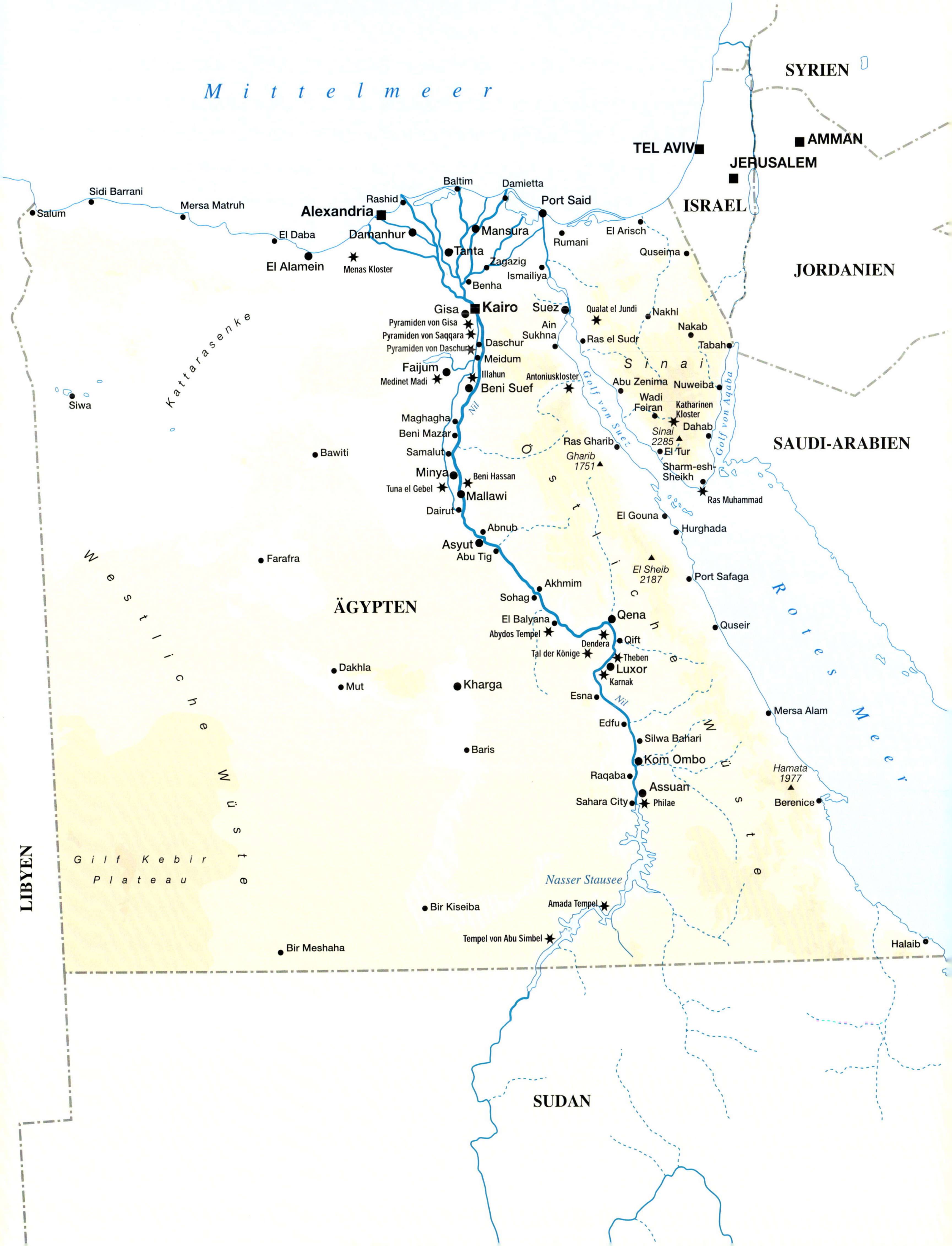
Mittelmeer
SYRIEN
TEL AVIV
AMMAN
JERUSALEM
ISRAEL
JORDANIEN
SAUDI-ARABIEN
LIBYEN
SUDAN
ÄGYPTEN
Salum
Sidi Barrani
Mersa Matruh
El Daba
El Alamein
Menas Kloster
Alexandria
Rashid
Damanhur
Baltim
Damietta
Port Said
Mansura
Tanta
Zagazig
Ismailiya
Benha
Rumani
El Arisch
Quseima
Kairo
Gisa
Pyramiden von Gisa
Pyramiden von Saqqara
Pyramiden von Daschur
Daschur
Meidum
Faijum
Medinet Madi
Illahun
Beni Suef
Suez
Ain Sukhna
Qualat el Jundi
Nakhl
Nakab
Ras el Sudr
Tabah
Sinai
Antoniuskloster
Golf von Suez
Abu Zenima
Nuweiba
Wadi Feiran
Katharinen Kloster
Dahab
Golf von Aqaba
Sinai 2285
El Tur
Ras Gharib
Gharib 1751
Sharm-esh-Sheikh
Ras Muhammad
Kattarasenke
Siwa
Bawiti
Nil
Maghagha
Beni Mazar
Samalut
Minya
Beni Hassan
Tuna el Gebel
Mallawi
Dairut
Abnub
Asyut
Abu Tig
Östliche Wüste
El Gouna
Hurghada
El Sheib 2187
Port Safaga
Farafra
Westliche Wüste
Akhmim
Sohag
El Balyana
Abydos Tempel
Qena
Dendera
Qift
Tal der Könige
Theben
Luxor
Karnak
Quseir
Rotes Meer
Dakhla
Mut
Kharga
Esna
Edfu
Silwa Bahari
Kom Ombo
Mersa Alam
Baris
Raqaba
Assuan
Sahara City
Philae
Hamata 1977
Berenice
Gilf Kebir Plateau
Nasser Stausee
Amada Tempel
Bir Kiseiba
Tempel von Abu Simbel
Bir Meshaha
Halaib

IMPRESSUM

Buchgestaltung
Förster Illustration & Grafik, Würzburg

Karte
Fischer Kartografie, Fürstenfeldbruck

Die Deutsche Bibliothek – CIP-Einheitsaufnahme
Ägypten / Maria Mill (Autorin).
Axel Krause (Fotogr.) –
Würzburg : Verlagshaus Würzburg, 2000
ISBN 3-8003-0991-2

Printed in Germany
Repro: Artilitho, Trento, Italien
Druck/Verarbeitung: Druckhaus Cramer, Greven

ISBN 3-8003-0991-2

Diese Wiedergabe eines Flachreliefs auf einer Palastfassade in Medinet Habu, dem Totentempel-Komplex Ramses III., zeigt den König auf dem Streitwagen, begleitet vom Kriegslöwen. Vor ihm hat man – zur Bestimmung der Zahl der getöteten Feinde – deren abgeschlagene Hände und Penisse ausgebreitet.